京都のツボ

識《し》れば
愉《たの》しい
都の素顔

柏井 壽
Kashiwai Hisashi

集英社インターナショナル

はじめに

京都はとても愉しい街です。と同時に難しい街でもあります。

その思いを強くされるのは、実際に京都を旅されるときでしょう。

さらりと、ひと通りの京都を観るだけなら容易なことですが、少しでもそれを深めていこうとすると、わからないことだらけになります。

たとえば「東寺《とうじ》」の五重塔を見上げて、高いなぁ、立派だなぁ、と写真におさめてオシマイ、なら簡単ですが、なぜ「東寺」はあるのに、「西寺《さいじ》」は無いのだろう、と疑問を持ち始めると、ガイドブックだけを頼りにしていたのでは、簡単に答は見つかりません。

食もしかりです。〈京料理〉という看板につられて店に入り、それらしい料理で満足できるならたやすいことなのですが、本当の京都の料理を味わうには、相応の経験や知識が必要となります。

京都という地、人々の間で培われてきたしきたり、そして食。そこにはいくつかのツボがあるのです。そのツボをおさえておけば、京都という街が、少しずつ見えてきます。わかってきます。

京都に生まれ育って六十年以上が経ちました。その間に出会った四十のツボをご紹介します。

ツボをお読みいただくだけでも充分お愉しみになれると思いますが、叶うなら是非京都へお越しください。そしてご自分の目でたしかめ、ツボを心で受けとめてください。きっと京都愛が深まるものと信じます。

目次

はじめに 2

食のツボ

京の食 8
きつねとたぬき 10
京の水 14
鞍馬煮 18
京割烹 22
宇治金 26
京のお肉 30
九条ねぎ 34
おばんざい 38
たまごサンド 42
京の珈琲 46
京風ラーメン 50
柴漬け 54
花街洋食 58
蒸し寿司 62

地のツボ

京の地　68

おひがしさん　70

鬼門の猿　74

京の鳥居　78

東寺と西寺　82

天使突抜　86

路地と辻子　90

錦市場　94

鯖街道　98

釘抜さん　102

京の狛犬　106

鍾馗さん　110

丸竹夷二押御池　114

ろれつ　118

しきたりのツボ

京のしきたり 124

京の三大祭 126

祇園さん 130

一見さんおことわり 134

大丸さんの紙袋 138

お菓子屋さん お饅屋はん 142

おもたせとおみや 146

応仁の乱 150

京のぶぶ漬け 154

いちはなだって 158

おいどかまし 162

一尺 166

さくらともみじ 170

曲がり角 174

モデルコースと地図 178

装画・挿画 柳智之 装丁 アルビレオ

［寺社・店舗等情報掲載ページにつきまして］ 本書に掲載している情報はすべて2016年1月現在のものです。定休日、拝観料などのデータは変わる可能性がありますので、最新の情報をご確認ください。無休と記載していても、年末年始などはお休みの場合もあります。移動時間は目安です。また、本文に掲載していない寺社、店舗等のデータも紹介していますが、それらには*をつけています。

食のツボ

京の食

京都を旅する目的のなかで、もっとも大きなウェイトを占めるのはきっと〈食〉だろうと思います。

もちろん神社仏閣参拝や、京都ならではの花鳥風月を愛《め》でることを、主たる目的としてお越しになるのでしょうが、そのあとさきに美味しいものがあるからこその京都だという思いも、必ずおありになるはずです。

京都でしか味わえないもの。はて、何があるでしょう。京料理、おばんざい、京野菜、京菓子、京豆腐などなど。たくさん頭に浮かびますね。では、それをどこのどんな店で味わえばいいかとなると、大いに迷ってしまいます。

お店選びは、年々難しくなっています。というのも、毎日のように新しいお店がオープンするからです。

もちろんなかには真っ当なお店もありますが、京都にふさわしいとは思えないお店も少なくないのです。

それらの多くは、いかにも京都らしい設《しつら》えで待ち受けていますから、本物かどうかの見極めはなかなか難しいものがあります。

いわゆる口コミサイトの評価も、京都の場合はあまりあてにはなりません。一番たしかなのは、長く京都に住んでいる人たちの評判なのですが、それを知るのも簡単ではありませんよね。

ひとつの目安ですが、京都らしさを過剰に前面に押し出している店は、避けたほうが無難だと思います。お品書きのあちこちに〈京〉の文字が躍っていれば、〈京〉ブランドに頼りすぎている証《あかし》ですから。中身に自信があれば、そんなに〈京〉を謳《うた》わなくてもいいのです。

もうひとつの目安は季節感です。古くからある京都のお店は、どこも季節を大切にします。店先に飾られた花ひとつとってもそうです。少しだけ季節を先取りした花が生けられていれば、きっといいお店です。

もちろん料理の内容もしかりです。何より旬をたいせつにしている店ならまちがいありません。旬の食材は美味しいだけでなく、適価で仕入れることができ、お客さんに過剰な負担をかけずにすみます。

希少な高級食材を売りにする店も感心しません。長く京都には始末の精神が根付いていますから、むやみやたらと高級食材を使うのではなく、入手しやすい食材を工夫して使う店のほうが京都人の評価は高いのです。

長い行列ができるから、半年先まで予約が取れない店だから、美味しい料理が食べられるとは限らない。それが京都の店選びの難しさであり、奥深さでもあるのです。是非本書を参考になさってください。

きつねとたぬき

きつねとたぬき。どちらも人をだますイタズラものとして知られていますね。〈きつねとたぬきの化かし合い〉なんていう言葉もあります。

昔はきっと、人里の近くに棲《す》んでいたからでしょう。身近な存在で、愛嬌もあって憎めないけれど、畑を荒らすような悪さをすることから、そんなふうに言われてきたのだと思います。

京都という街は三方を山に囲まれた盆地ですから、街の中心地から少し外《はず》れただけで、きつねもたぬきもたくさん棲んでいました。それゆえ伝説もいくつか残されています。

京都御苑《ぎょえん》の北側に「**相国寺**《しょうこくじ》」というお寺がありますが、その境内には「宗旦稲荷《そうたんいなり》」という、小さな神社が建っていて、きつねにまつわる伝説があります。

今では考えられないことですが、かつてこの辺りは深い森でした。そしてそのなかに一匹のきつねが棲んでいました。化け上手なこのきつねは僧侶に化けて坐禅を組んだり碁《ご》を打ったり。茶道もたしなんでいたといいます。誰もが驚くほど上手な点前《てまえ》だったのだそうです。

或《あ》るとき、有名な茶人、千宗旦《せんのそうたん》が寺の茶会に遅刻します。と、きつねは宗旦に化けて点前を披露。誰もそれがきつねだと気づかないほど見事です。しかしやがて宗旦と鉢合わせすると、慌てて逃げ出してしまいます。

その後のきつねの消息は諸説。井戸に落ちて死んだとも、豆腐屋に助けられ、死期を悟ったとき別れの茶会を開いたとも言われています。いずれにせよその死を哀れんだ僧侶たちがねんごろに供養し、社を建てたのが「宗旦稲荷」。きつねは〈宗旦狐〉と呼ばれるようになりました。

京都市伏見区に「**西運寺**《さいうんじ》」という古寺があります。江戸時代の末期、この寺の境内に毎日のようにたぬきが現れていたといいます。しかし退治したのでは、仏さまの教えに反してしまう。一計を案じた和尚《おしょう》は餌付けをしようとしました。餌につられて現れたたぬきに、人をだまさぬよう強く言い聞かせたのです。

その甲斐《かい》あって、たぬきは悪さをしませんでした。やがて〈八〉と名付けられたそのたぬきは、和尚が手をたたき、名前を呼ぶと、山から喜んで出てくるくらい懐いていたそうです。

今も「西運寺」は〈たぬき寺〉と呼ばれ、本堂に並ぶ、たぬきの置物や剝製、湯飲みなどのコレクションはなんとも愛嬌があって、多くの都人から親しまれています。

きつねとたぬきの伝説。どちらも、京都ではけっして悪者にならないのが興味深いところです。

そこでうどんの話です。

油揚げを載せたうどんは〈きつねうどん〉ですが、それを餡《あん》かけにしたものを、京都では〈たぬきうどん〉と呼びます。東京では〈たぬき〉というと揚げ玉を載せたものを言いますし、大阪では油揚げの載った蕎麦《そば》を〈たぬき〉と呼ぶのが一般的です。京都の〈たぬき〉が一番あたたかいように思います。

人と動物の物語がある場所

相国寺《しょうこくじ》　地図 ❹

1392年、足利義満《あしかがよしみつ》が自らの禅道場として建立。創建時は高さ109メートルの七重の塔があったという。室町幕府が定めた寺院の格式「京都五山」の第二位である格式高い寺。

京都市上京区今出川通烏丸東入
電話 075-231-0301
拝観 境内自由　※法堂などは春と秋の特別参拝時のみ拝観可能（拝観料：800円）
アクセス 地下鉄烏丸線「今出川」徒歩8分
市バス「同志社前」徒歩5分

西運寺《さいうんじ》　地図 ❿

建立は1596年。今もたぬきがときおり出没する。〈八〉がいた江戸時代は動物園がない時代。歌人や画家らが見物に訪れた。お礼として京焼の名工が寄贈した大きなたぬきの置物がかつて山門横に置かれていた。

京都市伏見区桃山町泰長老108
電話 075-611-2844
拝観 なるべく電話予約。境内は自由
アクセス 京阪宇治線「観月橋」徒歩3分
市バス「観月橋北詰」徒歩3分

うどんとそばのおいしいお店

大黒屋《だいこくや》*　地図 ❺

創業大正5年（1916年）の老舗蕎麦店。春は〈若筍そば〉、夏は〈鱧天ざる〉、秋は〈吹寄そば〉と季節ごとの蕎麦が愉《たの》しめる。なかでも冬の〈ねぎそば〉は、九条ねぎがたっぷり入った、ねぎ本来の甘さがきわだつ絶品。

本店：京都市中京区木屋町蛸薬師西入ル南車屋町281
電話 075-221-2818　**営業** 11:30 ～ 21:00（L.O.20:45）　**定休** 火曜
アクセス 阪急京都線「河原町」徒歩5分

ぎをん権兵衛《ごんべえ》*　地図 ❺

ときには舞妓さんの姿も見られる、花街・祇園の雰囲気が味わえる店。夏限定の〈ささめうどん〉は、つゆにしっかり絡む絶妙の細さ。親子丼も評判。

京都市東山区祇園町北側254
電話 075-561-3350　**営業** 11:30 ～ 20:00（L.O.）　**定休** 木曜
アクセス 京阪本線「祇園四条」徒歩5分

京の水

京都は水でできています。本当です。長くそう思ってきましたが、その思いは歳を重ねるに連れて強くなる一方です。たとえば風景、もしくは名所、そして食。もしも京都に潤沢な水がなかったとすれば……。考えたくもありません。

まずは風景から観《み》てみましょうか。

京都という街を象徴するのは鴨川の眺めです。四条大橋の真ん中に立って、川を見おろします。鴨川は北から南へ、清らかに流れています。水が干上がったところなど一度も見たことはありませんし、氾濫した記憶もありません。あふれそうになることもありますが、最後はかならずおとなしくなります。いつも鴨川は美しい流れを見せてくれます。鴨川だけではありません。高野川も高瀬川も、いつも清らかに流れています。

名所も同じです。お寺でも神社でも庭園には清らかな水が流れています。お寺の枯山水は別として、寺社の庭にはたいてい池があり、滝があったり、小さな川が流れていたりします。目から、耳から心を安らげてくれます。

ところで枯山水ですが、これも実は水が主役です。水を使わずに水を表現する。禅寺で多く観られるのは、想像力を高めるためだからでしょう。

小石や白砂で水面を表します。水に対する敬意、畏怖《いふ》の念が枯山水という様式美を生み出したのだろうと思います。

さてしかし、京都の水を最大限に生かしているのは、なんといっても〈食〉です。

多くの方が京都を訪れる目的のひとつに〈食〉を挙げられます。京料理、京豆腐、京生麩《なまふ》、京野菜、京漬物。これらのすべては、京都の水によって美味しくなるのです。

京料理といっても、その定義は定かではありませんが、京都で食べる料理、と解釈しておきましょう。その味の決め手となる出汁《だし》に、京都の水が欠かせないのです。

水には硬軟がありますが、京都の軟らかい水は昆布の旨《うま》みを引き出すのに最適だと言われています。京都の料理屋さんが東京に進出して、一番難儀するのが水なんだそうです。

料亭や割烹などのたいそうな料理だけではありません。京都のうどん屋さん、どこに入ってもちゃんと美味しい出汁が味わえるのも、水がいいからなんです。

ほとんどが水でできている豆腐や生麩を、京都で格別美味しく感じるのも当然のことですね。たいていの豆腐屋さんや生麩屋さんは、井戸水を使っています。京都盆地の地中には良質の水がたくさん湛《たた》えられているのです。浅いところだけでなく、地中の奥深くには琵琶湖の水量に匹敵する水があると言われています。

それだけでも充分なのに、用心深い京都人はさらなる水を確保すべく、琵琶湖から水を引きました。明治の大事業、琵琶湖疏水《そすい》です。京都の日々の暮らしに使われるのはこの水です。

東、北、西、三方の山から湧き出る水、井戸水、そして琵琶湖疏水。この水によって京都はつくられているのです。

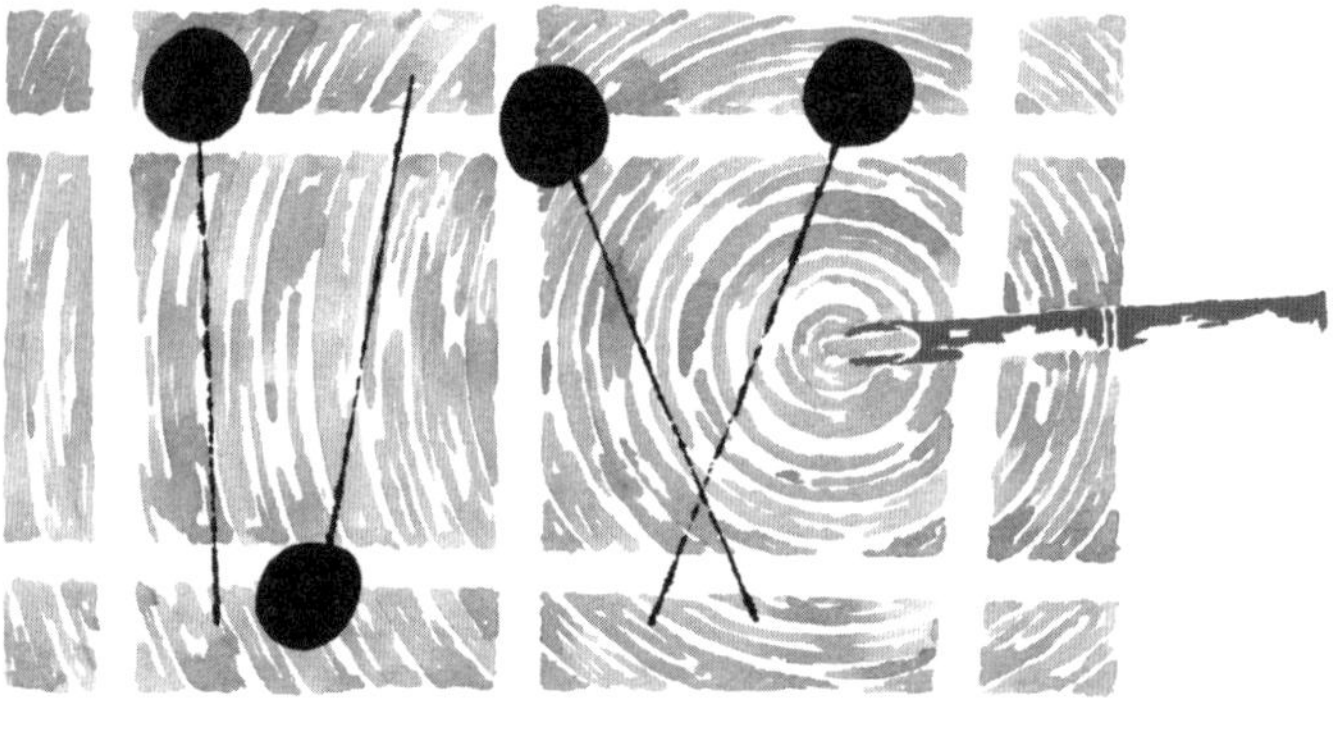

京都の水が美味しくしたお豆腐とお麩のお店

嵯峨豆腐《さがどうふ》 森嘉《もりか》* 地図 ❸

創業は安政年間（1854 ～ 1860年）。創業当時は井戸から汲む地下水を使ったという。以来、手作業でつくり続ける豆腐は、料理店やお寺に愛されてきた。戦後、四代目によって考案された製法で、絹ごしと木綿双方の特徴をもつ、軟らかくて腰が強い豆腐をつくり、全国に嵯峨豆腐、京豆腐を知らしめた。

京都市右京区嵯峨釈迦堂藤ノ木町42
電話 075-872-3955
営業 8:00 ～ 18:00（但し8/16、12/31は売切れ次第閉店）
定休 水曜（火曜定休あり）※水曜日が祝日の場合、翌日の木曜日が定休日に
アクセス JR嵯峨野線「嵯峨嵐山」徒歩15分／市バス・京都バス「嵯峨釈迦堂前」徒歩1分

とようけ屋《や》山本《やまもと》* 地図 ❷

創業は明治30（1897年）年という老舗だが「町のお豆腐屋さん」の姿勢を貫いている。材料の大豆を厳選し、手仕事で丁寧につくられる豆腐製品はお手頃な価格ながらしみじみ美味しい。手間がかかるだけに量産できない、昔ながらの製法で手揚げされるうす揚げも絶品。〈豆乳ヨーグルト〉や、大豆餡を使った〈とようけ饅頭《まんじゅう》〉なども製造。北野天満宮前では豆腐料理の人気店「とようけ茶屋」も営んでいる。

本店：京都市上京区七本松通一条上ル滝ヶ鼻町429-5
電話 075-462-1315
営業 4:00 ～ 18:30　**定休** 木曜（月一回不定休）
アクセス 市バス「上七軒」5分

麩嘉《ふうか》* 地図 ❻

文化・文政年間（1804 ～ 1830年）創業。当時から京洛七名水のひとつ、〈滋野井《しげのい》〉の井戸水を使用している。この水が生み出す、弾力があってなめらかな食感の生麩商品は、笹の香りもすがすがしい大人気の〈麩饅頭《ふまんじゅう》〉はじめ、〈生蓬麩《なまよもぎ》〉〈ペッパー麩〉など多彩。本店の商品は基本的に予約制だが当日販売分が残っていれば購入できる。
本店にはおたふくののれんがかかり、屋根に鍾馗《しょうき》さんが載っている。

本店：京都市上京区西洞院通椹木町上ル東裏辻町413
電話 075-231-1584
営業 9:00 ～ 17:00　**定休** 月曜、1～8月は最終日曜も
アクセス 地下鉄烏丸線「丸太町」徒歩10分

鞍馬煮

京都北山。市内中心部から山間を縫って北へと向かうと、鞍馬《くらま》という地にたどり着きます。

ここには標高六百メートル足らずの鞍馬山があり、その中腹には**「鞍馬寺《くらまでら》」**という古いお寺があります。

奈良時代の終わりごろ。「唐招提寺《とうしょうだいじ》」の鑑真和上《がんじんおしょう》の高弟である鑑禎上人《がんちょうしょうにん》は、夢のお告げと白馬の導きによって、鞍馬山に登ります。そこで上人は鬼女に襲われるのですが、毘沙門天《びしゃもんてん》さまに助けられたことから、毘沙門天を祀る草庵を結びました。

それから二十六年。桓武《かんむ》天皇が平安京に遷都してから二年後の七九六年のこと。藤原伊勢人《ふじわらのいせんど》というお役人が、またまた夢のお告げと白馬の援《たす》けを得て鞍馬山に登ります。当然のことですが、鑑禎上人の草庵があり、毘沙門天さまが安置されていました。

ここでまたお告げです。

「毘沙門天も観世音《かんぜおん》も根本は一体のものである」

そこで伊勢人は、伽藍《がらん》をととのえます。毘沙門天さまを奉安し、千手観音さまを造像して一緒にお祀りしました。これが今の「鞍馬寺」の始まりとされています。

さてその「鞍馬寺」。今ではパワースポットとして、よく知られていますね。護法魔王尊《ごほうまおうそん》の力で霊験あらたかだとか。

僕はしかし、このパワースポットという言葉を好みません。神さまのお力に無条件にすがる、というのは本来の信仰の姿とはかけ離れたものだからです。

神さまは日々の恵みを与え、護ってくださっている存在です。だからまずは感謝するべきで、お力を授かることだけを目的としてお参りするものではありません。パワースポットというと、一方的におすがりするイメージがあります。

タイトルは鞍馬煮でしたね。話を本筋に戻しましょう。料理の話です。鞍馬煮というのは、山椒《さんしょう》を使った煮物のことを言います。ご想像どおり、鞍馬が山椒の名産地だから付いた名です。山椒というくらいですから、山の恵みです。それも深い山ではなく、里山のことですね。〈黒毛和牛の鞍馬煮〉というメニューがあれば、山椒で風味を付けた牛肉の煮物です。

おもしろいことに、同じメニューでも神戸だと〈黒毛和牛の有馬《ありま》煮〉になります。有馬も鞍馬と同じく山椒の名産地だからです。

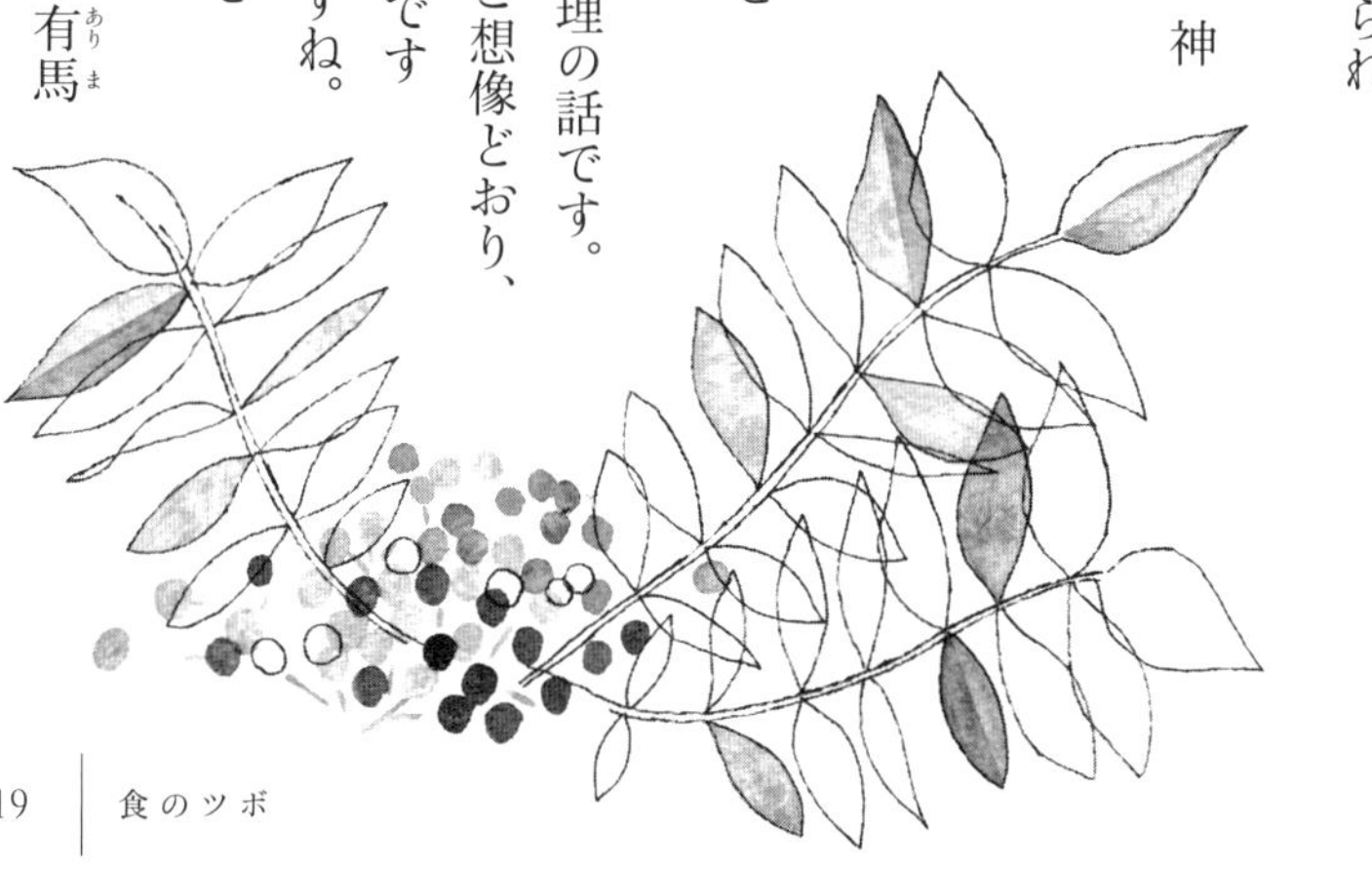

関東では鰻《うなぎ》屋《や》さんくらいしか、粉山椒を置いていませんが、京都では食堂のようなうどん屋さんでも粉山椒は常備しています。

きつねうどん、ニシン蕎麦、親子丼、天丼、カツ丼。どれも粉山椒は必須です。粉山椒がないと食べた気がしません。なので僕は関東に行くときはマイ粉山椒を持参します。でも神戸の人はそんなことはしません。京都人とは山椒に対する愛の深さが違うのです。

そして京都人にとって大事なのは、山椒が春の訪れを告げてくれる木だということ。

というわけで、京都人にとって鞍馬は、パワースポットではなく、ソウルスポットなのです。

鞍馬山の自然とともにあるお寺

鞍馬寺《くらまでら》　地図 ❶

たとえば鞍馬寺本殿金堂から魔王殿まで徒歩30分と鞍馬寺は広く、山中の景色を愉しみながら参拝することができる。牛若丸が修行したという「木の根道」は、今も本当に天狗が出てきそうな雰囲気。また由岐《ゆき》神社で毎年10月22日に開催される勇壮で神秘的な「鞍馬の火祭」をはじめとした年中行事も多い。

京都市左京区鞍馬本町1074　**電話** 075-741-2003
拝観 9:00～16:30　**拝観料** 300円
年中無休（霊宝殿は月曜、12月12日～2月末日休館）
アクセス 叡山電鉄鞍馬線「鞍馬」徒歩5分
山頂の本殿までは、更にケーブル2分と徒歩10分、または徒歩のみ30分

山椒の恵みをお土産に

しののめ*　地図 ❹

住宅街にある小さな店舗にひっきりなしに客が訪れる。国産の良質な山椒の香りがきわだつ〈じゃこ山椒〉は、上品ながらくせになる味。

京都市北区小山元町53　**電話** 075-491-9359　**営業** 9:00～18:00　**定休** 日曜・祝・第2土曜（1・7・12月は営業）
アクセス 地下鉄烏丸線「北大路」徒歩7分、地下鉄烏丸線「北山」徒歩11分

はれま*　地図 ❺

東山に本店がある「はれま」は、料理人であった初代が親しい人に配り、喜ばれていた〈チリメン山椒〉の味を家族が受け継ぎ、始めたお店。山椒がぴりりときいており、リピーターも多い。

本店：京都市東山区宮川筋6丁目357
電話 075-561-4623　**営業** 10:00～18:00　**定休** 日曜・祝日
アクセス 京阪本線「清水五条」徒歩3分、京阪本線「祇園四条」徒歩5分

くらま辻井《つじい》*　地図 ❶

冬は雪に閉ざされる鞍馬で保存食として重宝されていた〈木の芽煮《だき》〉。牛若丸も鞍馬寺での修行中に食したという。現在は、山の山椒の木の芽、実を摘んで、昆布と炊いたものを〈木の芽煮〉として販売。希少な〈花山椒〉も季節限定で売っている。

本店：京都市左京区鞍馬本町447
電話 075-741-1121　**営業** 10:00～17:00　**定休** 水曜
アクセス 叡山電鉄鞍馬線「鞍馬」徒歩10分

京割烹

京都を訪れる目的。その第一は寺社仏閣でも、景勝地の散策でもなく、〈食〉なのだそうです。

なかでも京割烹《きょうかっぽう》の人気は群を抜いて高いようで、お目当ての京割烹の予約に合わせて入洛される方も少なくないようです。それほどに人気の高い京割烹。どんな店のことを言うのでしょう。

実はこれがとてもあいまいなんです。

料理される食材もさまざまなら、調理法も多岐にわたっていて、和食という範疇《はんちゅう》を超えた店も京割烹に数えられています。

そして今人気の割烹のほとんどは、おまかせ料理しか出さない、というのが最大の特徴です。さらには、カウンターに居並ぶ客が、一斉に食事をスタートさせるという店も少なくありません。同じ料理を、同じペースで皆が食べるのです。

お酒を飲みながら食べる人、飲まない人、ペースの早い男性、遅

い女性も問いません。料理が出てくるペースに合わさなければいけません。

それでも三か月はおろか、半年、一年先まで予約が埋まっているというのは、僕には不思議で仕方ないのですが。

ここで割烹という言葉をおさらいしておきましょう。そう古いことではありません。それまでの料理屋は客に見えない

厨房で料理をつくっていました。昭和二年、それではおもしろくないと思った料理人が、客の目の前で魚をさばき、お造りをつくったりして、一躍人気を集めることになります。料理人の名は森川栄《もりかわさかえ》。スタートは大阪でしたが、すぐに祇園《ぎおん》に店を移します。

店の名は「**浜作**《はまさく》」。もちろん京都でも大人気を博します。川端康成をはじめ、名だたる文化人のごひいき店となり、評判を聞いた海外からのVIPも次々訪れます。ではそんなお客さんは、何をどう食べていたかといえば、これが今の割烹の正反対。それぞれが好きなものをリクエストし、好みの料理法で食べていたのです。

つまり割烹というのは、客が好き勝手に注文し、それに料理人が

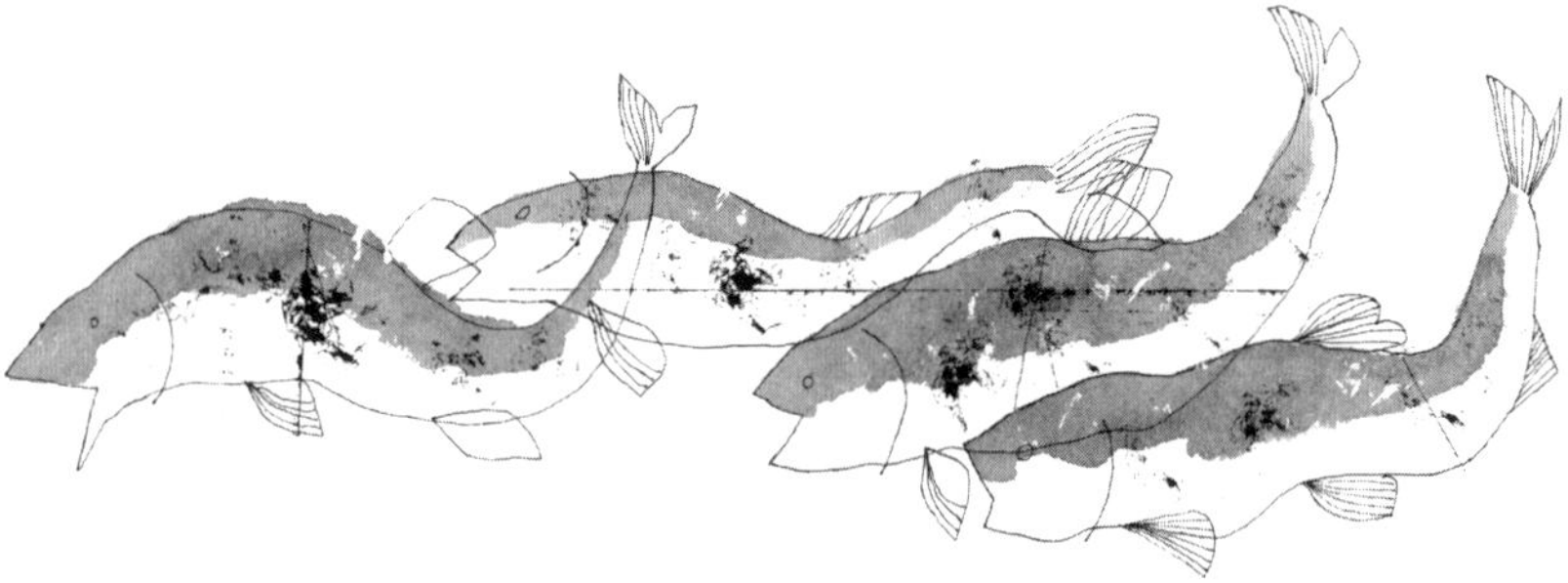

こたえる店のことだったのです。

　それではなぜ今のようになってしまったのでしょう。ひとつには食べる側の経験不足が関わってきます。いくら好き勝手といっても限度があります。目の前にある食材をどう料理してもらうか。互いが納得し、おもしろがるようでなければなりません。よほど食べなれていないと難しいですね。そこへいくと今の割烹。何も注文しなくても料理が出てくるのですから、初心者でも恥をかかずにすみますね。何が出てきても、ただ美味しいとさえ言っておけばいいのですから。

　一方、お店側から言えば、楽なお客さんですよね。あてがいぶちの料理で喜んでくれるのですから。食材のロスもありませんし。

　ということで、双方の利害が一致した結果、今の京割烹ブームが生まれたのです。

　これはしかし、どちらにとっても不幸なことです。客の我儘《わがまま》にこたえることで料理人は成長し、そのやり取りを通じて舌を肥やしてきたのが客なのです。今もその精神を貫いている「**燕《えん》 en**」「**和食《わしょく》 晴《は》ル**」は、僕のお気に入り割烹です。

食通を満足させて90年

京《きょう》ぎをん 浜作《はまさく》　地図 ❺

谷崎潤一郎、魯山人、チャップリンまで国内外の食通をうならせ、愉しませてきた板前割烹。現在は、基本はお任せだが、好みを伝えると応じてくれる。料理、包丁さばきはもちろん、器や当意即妙な受け答え、料理が出される間合いまですべてが一流。

本店：京都市東山区祇園八坂鳥居前下ル　下河原町498　**電話** 075-561-0330
営業 12:00 ～ 14:00（第1、第2火・木・土を除く）／ 18:00 ～
定休 水曜、毎月最終火曜　**アクセス** 京阪本線「祇園四条」徒歩10分、市バス「祇園」徒歩3分

若い料理人の店の〆の一品

燕《えん》 en　地図 ❼

ニューヨークの精進料理店でも修行したという若い料理人は、基本を押さえた日本料理に驚きの細工を施したりも。すばらしい焼き加減の鮎も味わえれば、想像もつかない味のハーモニーを醸しだす創作料理も愉しめ、料理との一期一会にも感動できる。
メニューは季節ごと、仕入れごとに変わるが、〆には〈精進ラーメン〉、または〈たまごかけご飯〉がお薦め。

京都市南区東九条西山王町15-2　**電話** 075-691-8155　**営業** 17:30 ～ 23:00
定休 日曜（月曜が祝日の場合は、日曜営業、月曜休み）　**アクセス** JR京都線「京都」徒歩5分

和食《わしょく》 晴《は》ル　地図 ❻

地元のグルメが一人で、あるいは少人数で訪れ、カウンターで食事するとさっと引きあげていく、粋な店。この割烹にも確かな食材、丁寧な仕事、そして驚きがある。たとえばポテトサラダ。これまでの概念が裏切られ、愉しまされる。
こちらも若い料理人が切り盛りしており、〆には珍しい海苔巻きになった〈晴ル風鯖寿し〉がお薦め。またメニューには載っていないが、頼めば小さめの丼もつくってくれる。

京都市下京区神明町230-2　**電話** 075-351-1881
営業 火曜～金曜17:00 ～ 23:30　土・日曜16:00 ～ 23:30　**定休** 月曜
アクセス 地下鉄烏丸線「四条」徒歩3分、阪急京都線「烏丸」徒歩3分

宇治金

宇治は、言わずと知れたお茶の産地です。昔から京都とお茶の結びつきは強く、それは宇治という上質のお茶を産する地が身近にあったことも、その理由のひとつだと思われます。

――茶は養生の仙薬《せんやく》延齢の妙術である――

〈喫茶養生記《きっさようじょうき》〉という本を著し、そんな言葉を記した栄西禅師《ようさいぜんじ》（一一四一～一二一五年）は、日本に喫茶習慣を広めたことから、〈茶祖《ちゃそ》〉と呼ばれています。

はるか昔、奈良朝のころからお茶を飲む習慣はあったようですが、それは一部の上流社会に限られていました。茶を広く栽培し、一般庶民でも気軽に飲めるようにと推し進めたのが、栄西が茶祖と呼ばれるゆえんです。

栄西は栂尾《とがのお》の明恵上人《みょうえしょうにん》にお茶の種を贈ります。これが〈栂尾茶〉の始まりと言われ、それを宇治の畑に移植したのが、今の宇治茶の元になったと伝わっています。

さて宇治金。かき氷の宇治金時のことです。

夏の暑い日。喫茶店に入ると、かき氷がメニューに上がっています。

――何がええ？　好きなんお言い――　祖母が訊きます。

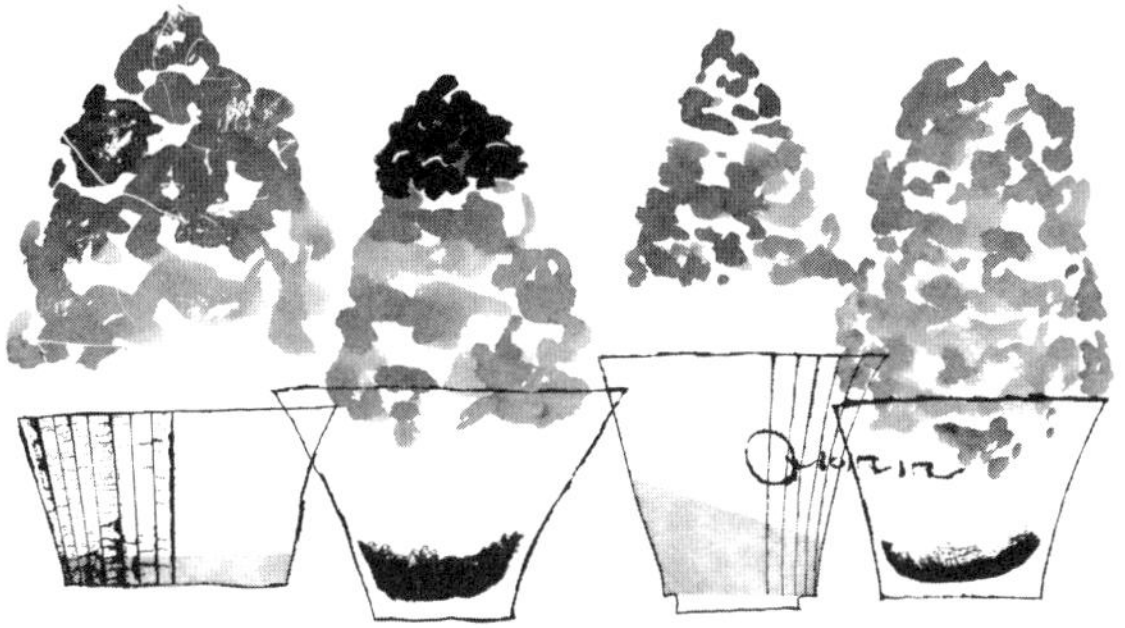

僕は迷わずそう答えました。

――宇治金――

やがて運ばれてきたかき氷。下は白いままですが、上半分は抹茶色に染まり、てっぺんにはあずきがたっぷり載っています。冷たくて、甘くて、少しばかり苦くて。これを食べると、夏真っ盛りを実感したものです。

ひと夏に二度か三度は食べたでしょうか。

それもしかし、秋の訪れとともに、メニューから姿を消します。喫茶店の店先で揺らめいていた〈氷〉と染め抜かれた小旗も外されます。

おおむねお盆過ぎのことです。九月に入ってからも、かき氷をメニューに載せることなどありませんでした。

それが今はどうでしょう。秋は当然のように、冬になってもまだ、かき氷を食べさせる店があります。季節感も何もあったものではありません。

何より季節の移ろいを大切にするのが京都人のつとめです。たとえどんなに残暑が厳しくても、秋には秋に食べるべきものがあるのです。

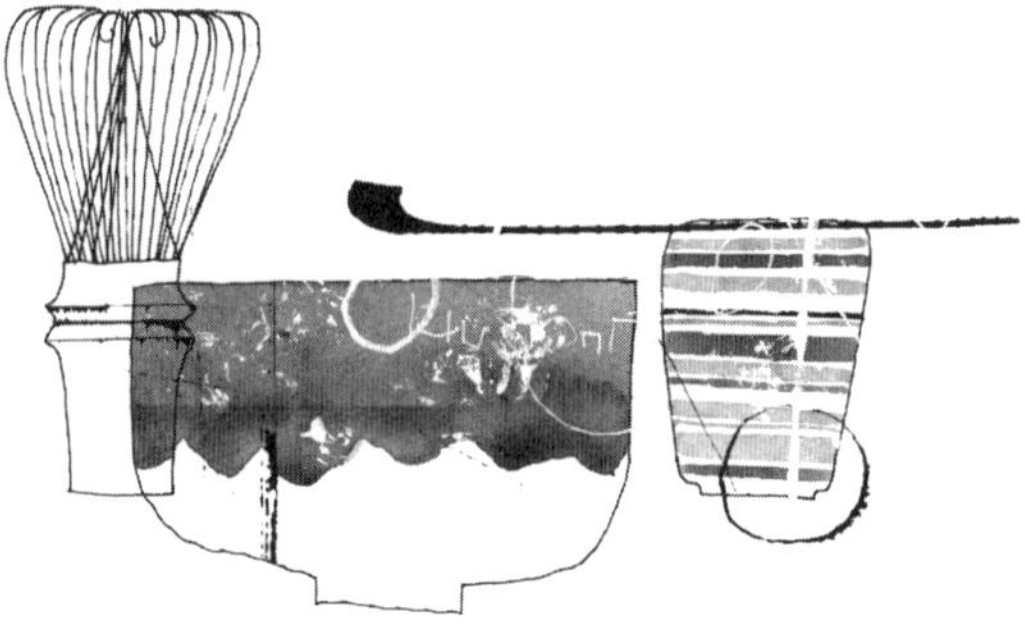

季節はずれが疎《うと》まれるのは俳句だけではありません。

宇治という名前こそ付いていませんが、お菓子に抹茶を使ったものがあふれかえっています。チョコレートは言うに及ばず、クッキー、アイスクリーム、ケーキなど。最近の京土産で一番人気は抹茶ものだそうです。

だったら、もっと本当の抹茶を飲む機会が増えるかといえば、一向にその気配はありません。

しかしながら、抹茶というのは薄茶《うすちゃ》や濃茶《こいちゃ》として、喫してこそその味わい深さが心に沁み入るのです。

お茶菓子をいただき、口のなかが甘くなったところで、点《た》てられたばかりの薄茶をいただくと、心がほっこりと丸くなります。

宇治市が建てた茶室「**対鳳庵**《たいほうあん》」なら気軽に抹茶をいただくことができます。「**平等院**《びょうどういん》」の鳳凰堂《ほうおうどう》に対向していることから名付けられたこの茶室では、予《あらかじ》め頼んでおけばお点前の体験もできます。もちろんお菓子の付いた薄茶だけなら、予約も要らず、おひとりさまでも大丈夫です。抹茶味、ではなく本物の抹茶を宇治でいただく気分は格別のものがあります。

淹《い》れ方も教えてくれる寺町通の老舗

一保堂茶舗《いっぽどうちゃほ》* 地図 ❺

創業1717年。店頭で試飲しながらお茶を購入できる。京らしさを求めるなら、京都の名店が食後に供するという個性的な香りの〈いり番茶〉もおすすめ。

京都市中京区寺町通二条上ル
電話 075-211-3421
営業 9:00〜18:00　喫茶室嘉木は10:00〜18:00(L.O.17:30)
無休(年末年始を除く)
アクセス 地下鉄東西線・市バス「京都市役所前」徒歩5分

メニュー豊富なお食事処で絶品かき氷

飲食求道《おんじきぐどう》 一作《いっさく》* 地図 ❹

無添加にこだわった食事処。名物〈一作焼〉のほか、季節限定〈満願寺お好み焼き〉なども評判。ほかにカレー、定食なども。かき氷は通年で愉しめ〈梅ミルク〉や、後味さわやかな〈えひめ〉も人気だ。

京都市上京区寺町通今出川上ル6丁目不動前町3
電話 075-231-5407
営業 平日 11:30 〜 14:00、17:30 〜 22:00
土日祝 11:30 〜 22:00
定休 水曜
アクセス 地下鉄烏丸線「鞍馬口」徒歩8分

足を延ばしてお茶の本場の宇治へ

平等院《びょうどういん》 地図 ⓫

1053年に建立された鳳凰堂《ほうおうどう》には、いずれも国宝の阿弥陀如来坐像、壁に架けられて空を飛んでいるかのような、52躯の雲中供養菩薩像がある。池にうつる美しい鳳凰堂に、昔の人は極楽浄土を重ねたという。

京都府宇治市宇治蓮華116
電話 0774-21-2861
拝観 ・庭園8:30 〜 17:30(受付終了 17:15)
・鳳翔館9:00 〜 17:00(受付終了 16:15)
拝観料 庭園+平等院ミュージアム鳳翔館600円
・鳳凰堂内部
9:10 〜 16:10(9:30より拝観開始、以後20分毎に1回50名)
拝観料 別途300円
※希望者が多数の場合、最終受付以前に終了する場合あり。
※法要・行事等により、内部拝観が休みのこともある。

対鳳庵《たいほうあん》 地図 ⓫

宇治市の市営茶室。予約なしで愉しめるのは、薄茶、煎茶、玉露。お点前体験は3日前までに下記宇治観光センターに連絡して予約。スケジュールについては、宇治市観光協会のホームページで確認を。

宇治市宇治塔川1-5
予約・問い合わせ
宇治観光センター 宇治市宇治塔川2
電話 0774-23-3334
開席期間 1月10日〜 12月20日(期間中無休)
開席時間 10:00 〜 16:00
料金 1客 500円〜(季節のお菓子付き)

アクセス 平等院、対鳳庵いずれも
JR奈良線「宇治」徒歩10分
京阪宇治線「京阪宇治」徒歩10分

京のお肉

京都の人にとって、日々の暮らしのなかで、一番のご馳走といえば、京料理でも、ましてやおばんざいでもなく、まちがいなく、お肉です。そして、お肉といえば牛肉を指します。豚は豚、鶏は鶏、ですが、わざわざ牛といわなくても、お肉という言葉は牛肉にだけ使います。

京都人の牛肉好きは今に始まったことではありませんし、京都で食べる牛肉料理は美味しいと、誰もが口を揃えます。

京都と牛肉。少し意外な取り合わせに感じられるかもしれませんが、その結びつきが強くなったのには、大きくふたつの理由があります。

ひとつは京都人の気質、新しもの好きです。

肉食は長く禁止されていましたが、明治維新と時を同じくして解禁されます。と、間を置かず、京都の街には牛肉料理店が出現します。寺町《てらまち》三条の「三嶋亭《みしまてい》」がその代表です。

幕末のころを彷彿《ほうふつ》させる佇《たたず》まいの店で食べるすき焼きは、実に味わい深いものがあります。

「三嶋亭」に続けとばかり、洛中《らくちゅう》には次々と牛肉料理の店

が出現します。すき焼きよりもさらに西洋に近づこうと、ステーキのお店もできます。なかで一番人気だったのが、今はなき「ビフテキのスエヒロ」です。

京都でもっとも賑やかな繁華街だった四条河原町《しじょうかわらまち》近くにあって、美味しいビフテキ、すなわちビーフステーキが食べられると評判を呼び、遠来の客も多かったと聞きます。子どものころに、僕も何度か食べましたが、子ども心にも、世の中にこんな美味しいものがあるのか、と思ったほどです。残念ながら後継者難などもあり、店仕舞いしましたが、その味を引き継いでいる店が「金閣寺」近くの住宅街にあります。

「**ビフテキ スケロク**」。名前もよく似ていますね。ステーキではなくビフテキ。食べてみれば、その違いがおわかりになると思います。ビフテキだけでなく、洋食全般、何を食べても美味しい店なので、「金閣寺」を拝観されるときは是非立ち寄ってみてください。京都人が牛肉好きになった原点を味わえます。

さて、京都で牛肉料理が盛んになった、ふたつ目の理由。

それは地理的な優位性です。

地図を広げてみましょう。琵琶湖の西側に京都があります。その琵琶湖の東岸は近江牛の産地として知られています。そこからずっと西に目を移すと兵庫県。丹波牛、神戸ビーフの産地です。今度は東南方向です。いわずと知れた松阪牛の産地ですね。

近江、丹波、松阪と名牛の誉れ高い産地を線で結ぶと三角形ができますが、そのちょうど真ん中に位置しているのが京都なのです。これを僕は名牛トライアングルと名付けました。

さほど遠くない三方から、優れた牛肉がやって来るのですから、なんともありがたいことです。

美味しい牛肉を食べさせてくれるお店はたくさんありますが、僕のお奨《すす》めは「**肉《にく》専《せん》科《か》　はふう**」です。母体がお肉屋さんですから、上質のお肉が手頃な値段で食べられます。分厚いカツサンドを是非食べてみてください。きっと、京都人が牛肉好きになった理由がおわかりいただけるでしょう。

お肉のお店のとっておき情報

三嶋亭《みしまてい》　地図 ❺

横浜で修行した初代が店を出したのが明治6年（1873年）。日本各地から選び抜いた牛肉は、販売もされている。京都の一般家庭では、比較的安価ながら美味しい三嶋亭の切り落とし肉を使ってすき焼きをするのが定番。

本店：京都市中京区寺町通三条下ル桜之町405
電話 075-221-0003
営業 11:30～22:30（入店20:00まで）
定休 水曜（不定休あり）
アクセス 地下鉄東西線「京都市役所前」徒歩7分、京阪本線「三条」徒歩10分

ビフテキ スケロク　地図 ❷

北野天満宮にほど近い、アットホームなお店は二代目夫婦が切り盛りしている。ビフテキメインのメニューのほか、旬のフライ、ハンバーグなど洋食も定評がある。ランチ、ディナーともに手軽に本格的な洋食が食べられるのも愉しい。

京都市北区衣笠高橋町1-26
電話 075-461-6789
営業 11:30～14:00／17:30～20:00
定休 木曜（不定休あり）
アクセス 京福電鉄北野線「北野白梅町」徒歩12分

肉専科《にくせんか》 はふう　地図 ❺

ステーキ、ビフカツなどのほか、リーズナブルな値段で味わえるハヤシライスも人気。ルーは壺に入っていて、ふたを開けるとその肉の量に驚かされる。カウンター席があるのでひとりでもゆっくり食事ができるのが嬉しい。またカツサンドやビフカツ弁当などのほか、カレー、ハヤシのルーもテイクアウトできる。

本店：京都市中京区麩屋町通夷川上ル笹屋町471-1
電話 075-257-1581
営業 11:30～13:30（L.O.）、17:30～21:30（L.O.）
定休 水曜
アクセス 地下鉄東西線「京都市役所前」10分、地下鉄烏丸線「丸太町」徒歩10分

九条ねぎ

いったい、いつから日本人はこんなに野菜好きになったのでしょう。

「野菜を食べにゃあいけんよ」

そんなテレビコマーシャルが流れていたのは、つい最近だったような気がするのですが。

美味しいものを食べに行くときも、その選択肢は、肉か魚か。二択だったように思います。最近は三択ですね。肉か魚か野菜か。

身体のことを考えて、食べなきゃいけないと思いつつ、それでも、どうにかして避けて通っていたのが野菜だったというオヤジにとって、すっかり定着した野菜ブームには、なかなか馴染めません。

それはさておき、京都といえば野菜。野菜といえば京都というイメージも年を追って強くなる一方です。いわゆる京野菜ですね。

京料理、おばんざい、そして京野菜。京都を訪れる方には、あこがれの食でしょうか。

京都に行ったら、まずは京野菜を食べなきゃ、なのでしょうが、では京野菜って何でしょう。**壬生菜《みぶな》**、**聖護院《しょうごいん》だいこん**、伏見とうがらしなど場所名が冠された京都の伝統野菜はともかく、京野菜となる

と、定義はかなりあいまいなのではないでしょうか。

いちおうの決まりはあります。品種として京都府が指定したものもあれば、ブランド産品として生産者側が定めたものもあります。でも現実はといえば、完全にイメージ先行ですね。京都のお店で出されるものは、すべて京野菜。そんなふうです。

京都で人気の或るイタリアン。ランチなどはなかなか予約が取れないことで知られる店ですが、人気メニューに〈京野菜のバーニャカウダ〉があります。

そのお皿に並んだ野菜は、カブラ、赤ピーマン、金時ニンジン、シイタケ、ペコロスなどでした。これがはたして京野菜なのかどうか、は皆さんのご判断に委ねるとしましょう。

その京野菜を代表するものに九条ねぎがあります。関東の方にとっては白ねぎが一般的だからでしょうか。流通されるようになると、甘くてやわらかい青いねぎは一躍人気ものになりました。なかでも、うどんの薬味として使われる九条ねぎはブランド品にまで出世しました。

祇園にある人気のうどん屋さんは、いつも行列ができていますが、

皆さんお目当てのねぎうどんは、千三百円という高価格です。具は本当にねぎだけなんです。街場のうどん屋さんなら、素うどんにねぎ多めをリクエストすればこたえてくれる程度のねぎです。たいていワンコインで食べられます。これも九条ねぎというブランドのおかげなのでしょうね。

それを承知のうえで長い列をつくっておられるなら、どうぞ九条ねぎを満喫なさってください、と申し上げておきましょう。

京都の食をどう愉しむか。それにはふた通りあると思います。ひとつは本当に美味しいものを探し当てて食べること。これには相応の努力と、少しばかりの運が必要です。

もうひとつは、京都で美味しいものを食べた、という雰囲気さえ味わえればいい、ということ。これは実にたやすいです。とりあえず行列の後ろにつけばいいのですから。

人気の伝統野菜

賀茂《かも》なす*

北区の上賀茂でつくられてきた丸なすで、1684年の記録に記載がある。甘みがあり、果肉が締まっていて一般的ななすほどは油を吸収しないのが特徴。栽培に手間がかかり、ほとんどが露地栽培なので、出回る時期も限られている。

旬:6月中旬〜 10月中旬　**調理法**:味噌田楽、揚げ出汁、しぎ焼き、煮物、漬物など。

九条《くじょう》ねぎ

771年、稲荷神社が建立されたときに現在の伏見区で栽培が始まり、九条地区で改良されたという。細ねぎと太ねぎの2系統あり、太ねぎは1メートルくらいに伸びる。また根元の白い部分が長く耐寒性がある。

旬:11月〜 3月　**調理法**:鍋、すき焼き、薬味、お好み焼き、うどんなど。

聖護院《しょうごいん》だいこん

尾張の長大根を文政年間(1818 〜 1830)に現在の左京区聖護院の農家が譲り受けて栽培しているうちに短系のものができ、それが土壌の浅い京都の地に合い、聖護院一帯に広がったとされている。軟らかく、煮物に適す。

旬:11月末〜 2月　**調理法**:煮物、ふろふき、おでんなど。

水菜《みずな》*

京野菜のなかでも古い文献、『和名抄』(935年ごろ)に登場する。京都が原産とされ、〈京菜〉と呼ばれることも。いまでは全国で栽培され、淡泊なものも多いが、在来種は茎に張りがあり、辛みもある。京都では「水菜が並べば冬本番」と言われている。

旬:12月〜 3月(ハウスでは通年栽培)　**調理法**:鍋物、炒め物、おひたし、サラダなど。

壬生菜《みぶな》

1800年ごろ、水菜の一変種が自然交雑によって生まれ、壬生地区で多く栽培された。水菜とちがい、葉のぎざぎざがない。1804年の文献に記載がある。水菜と同様〈京菜〉と呼ばれることも。今も露地栽培が主流。

旬:12月〜 3月　**調理法**:鍋物、漬物、おひたし、煮びたしなど。

参考:京都府ホームページ、京都市ホームページ、旬の食材百科、『からだにおいしい野菜の便利帳』(監修:板木利隆 高橋書店)

おばんざい

京都に来たら、何をおいても先《ま》ずは〈おばんざい〉を食べなきゃ。そう思う方がたくさんおられます。メディアがそう喧伝するからでしょうが、それは実はとても難しいことなのです。

観光地をはじめとして、多くの店が〈おばんざい〉をメニューに載せていますが、正確に言えば、それらは〈おばんざい〉ではありません。〈おばんざい〉風なのです。なぜなら本来の意味での〈おばんざい〉は家で食べるものだからです。

お朔日《ついたち》は、ニシン昆布、あずきご飯と、おなます。八の付く日は、あらめ（海藻の一種）とお揚げの炊いたん。十五日はまた、あずきご飯と、**海老芋《えびいも》と棒鱈《ぼうだら》の炊き合わせ**。際《きわ》の日（月末）は、おからを炒って、おかずにする。

古い京都の家では、こんな質素な料理を、毎月ローテンションして食べていました。

月初め、半ば、末日と順繰りに決まったおかずを食べる。順番にまわってくるおかずだから、順番の〈番〉、おかずを表す〈菜〉で、お番菜。好んで食べるものではなく、始末の表現としての料理を〈おばんざい〉と呼んだのです。

ですから、お客さんに出すなんて、とんでもなく失礼なこと。さらさら、お金を払って食べるようなものではないのです。

〈おばんざい〉バイキング、だとか、〈おばんざい〉食べ放題、などと店先に書いてあると、心ある京都人は眉をひそめ、足早に通り過ぎます。

常日頃はつましい暮らしをし、贅沢を慎む。昔の京都の家は、どんなにお金持ちでもそんなふうだったのです。

よほど親しい間柄なら別ですが、お客さんに家庭料理を出さない、というのも長く習わしとして残っていました。そのために〈仕出し屋〉さんという存在があったのです。

出前とも少し違います。今風に言い換えれば、出張料理人でしょうか。もちろん一からつくるのではなく、下ごしらえしたものをお皿に盛ったり、汁物を温めなおしたりする程度ですが。

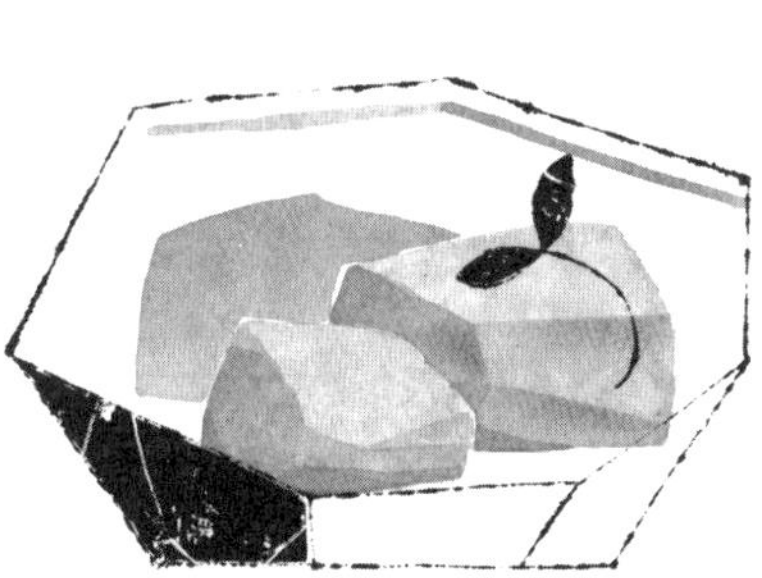

要は、お客さんに出すのは、プロの料理だということです。客人としてもてなすには、素人料理ではなくプロの料理でなくては失礼にあたる。そういう考え方だったのです。

そう考えれば、〈おばんざい〉を売っている店というのは、失礼なことだとなります。

先斗町《ぽんとちょう》のなかほどに「ますだ」という酒亭があります。今では〈おばんざい〉の名店として知られていますが、この店の初代主人である増田好《たか》さんは、「うちの店の料理はお酒のあて。おばんざいとは違います」と言っておられました。

時代は移ろいます。当代のご主人は、いちいち説明するのも面倒になったので、ガイド本などで〈おばんざい〉と書かれても否定しなくなったそうです。

そんなことを知ったうえで、〈おばんざい〉なる料理をお店で食べていただければよいかと思います。

おばんざいの定番、出会いもん

皮や葉まで使う、生麩や干物をよく使うなど京都のおばんざいにはいろいろな工夫や特徴があるが、ここでは〈出会いもん〉をご紹介。
〈出会いもの〉とは、料理用語で料理するとお互いの良さが響き合っておいしくなる旬の食材のこと。魚介類と野菜などをうまく組み合わせると、季節感あふれる一皿に。京都では季節ごとの定番家庭料理として定着している。

〈ニシンなす〉*
旬のなすを身欠きニシンと炊けば、なすにニシンの風味がうつり、味わいよく、とろりとした煮物になる。味がしみる翌日がさらにおいしいとされる。この煮汁にそうめんを入れて食べたことが、京都名物ニシンソバを生んだという説もある。

〈鯛《たい》かぶら〉*
鯛のアラや切り身をかぶと一緒に、酒やみりん、醤油で煮て、ゆずの皮をたっぷり添える。かぶに鯛のうまみがしみて、からだも温まる京都ならではの冬の鍋。全国区の〈出会いもの〉である〈ブリだいこん〉に似ているが、ブリとかぶ、鯛とだいこんは合わないとか。

〈海老芋《えびいも》と棒鱈《ぼうだら》〉
棒鱈を水で戻してゆで、ゆでた海老芋（もしくは里芋など）と炊き合わせる料理。棒鱈が海老芋の煮崩れを防ぎ、海老芋が棒鱈を柔らかくするという究極の〈出会いもん〉。棒鱈は宮中への献上品であった、ということが古都ならでは。

どこにでもあるようで
ここにしかない〈おばんざい〉

先斗町《ぽんとちょう》ますだ

地図 ❺

カウンターにずらりと並ぶ大皿や大鉢から酒の肴にぴったりの〈おばんざい〉を選ぶことができる。作家の司馬遼太郎が常連だったというこの店は、知的な雰囲気がただよいながらも我が家同然の居心地の良さ。

京都市中京区先斗町四条上ル下樵木町200
電話 075-221-6816　**営業** 17:00～22:00　**定休** 日曜
アクセス 阪急京都線「河原町」徒歩5分、京阪本線「祇園四条」徒歩5分

たまごサンド

同じメニューでも、東と西とで料理のつくり方や、中身が異なるのはよくあることです。鰻なんかが有名ですね。東は背開きにして、一度蒸してから焼きますが、西ではお腹《なか》から開いて直焼きにします。そのせいで、東は皮もふわりとやわらかく食べられますが、西の鰻は皮がパリッとしています。

天ぷらも違いますね。東はごま油を使って揚げますから、ころもが茶褐色になりますが、西は綿実油などの軽い油で揚げるので、ころもは真っ白です。

鰻も天ぷらも好みが分かれるでしょうが、僕は東派です。

最近、京都で急激に人気が高まってきた食に、たまごサンドがあります。これもどうやら東とは異なるようで、京都ならでは、というところが人気の理由になっているのだろうと思います。

おおむね東のほうでは、ゆで玉子を細かく刻んで、マヨネーズと和《あ》え、玉子サラダのようなものをパンに挟んだものを〈たまごサンド〉と呼んでいるようですが、京都のそれはまったく別ものです。

分厚いオムレツとスライスしたきゅうりがパンからはみ出すようにして挟んであります。それが京都流の〈たまごサンド〉。洋食屋さんをはじめとして、喫茶店で頼んでも、たいていこれが出てきます。

　お店で食べるときは、当然焼きたてですから、ふわふわのオムレツを心ゆくまで味わえるのです。一度この味を覚えてしまうと、冷たい玉子サラダを挟んだたまごサンドには戻れません。

　今はもうありませんが、西《にし》木《き》屋《や》町《まち》に「コロナ」という洋食屋さんがあり、九十歳にもなろうかという老シェフがつくるたまごサンドは絶品としか言いようがありませんでした。

　いったい玉子を何個使っているのだろうと思うほどに、大きくて分厚いオムレツはパンからはみ出していて、食べごたえ満点でした。

　なぜこんなたまごサンドになったかといえば、きっと京都の人が玉子好きだからだと思います。それもふわふわの。

　京都で人気のおかず、だし巻き玉子もふわふわですね。東の玉子焼きはいくらか固めで甘い味付けですが、京都は

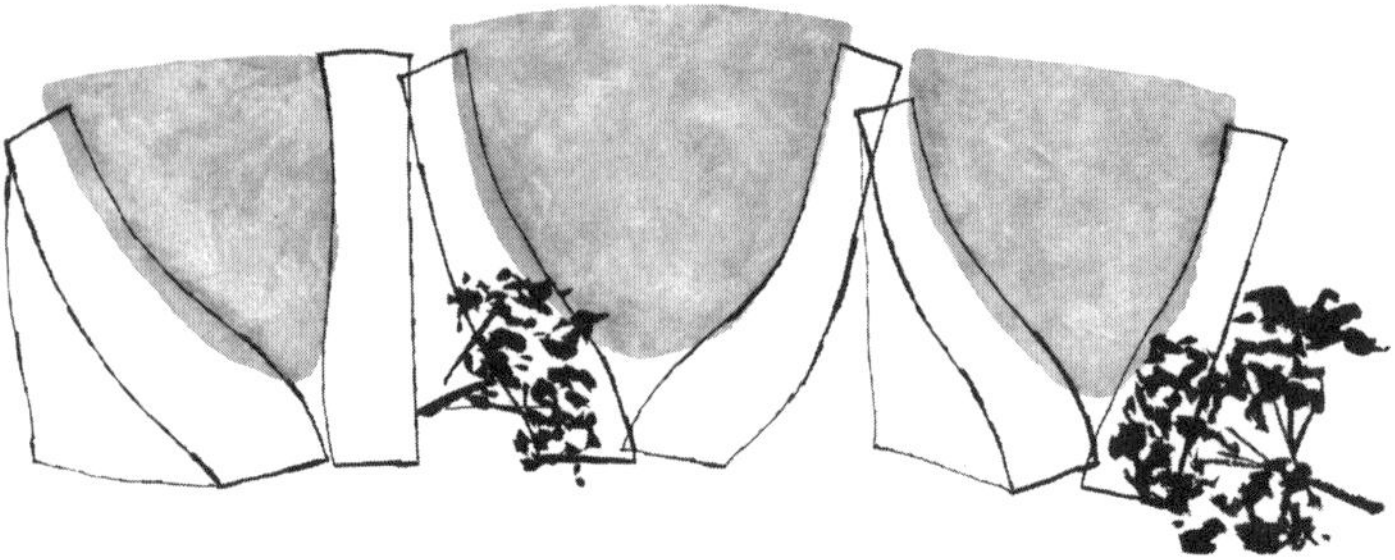

出汁と玉子汁が一対一の割合だと言いますから、やわらかくなるはずです。冷めても美味しいのですが、焼きたての味は格別です。

お店に行列ができる親子丼なんかもそうです。玉子が半熟状態で、ふんわりやわらかいのが特徴です。

それほど京都人はふわふわ玉子が好きなんです。だからたまごサンドでも、ふわふわオムレツを挟んでしまったのです。

「コロナ」はなくなってしまいましたが、そのレシピを受け継いだ、二条城の近くの「**喫茶《きっさ》マドラグ**」では、往時を彷彿させるたまごサンドが食べられます。

「知恩院」の近くにある「**やまもと喫茶《きっさ》**」のたまごサンドも、ほっぺが落ちそうになるほど美味しいです。

テイクアウトなら断然「**SIZUYA（志津屋《しずや》）**」です。京都のパン屋さんを代表するチェーン店ですが、この店の〈ふんわりオムレツサンド〉は、もっとも京都らしいたまごサンドだと思います。是非おみやげにしてみてください。

それぞれに個性的な美味しさ

喫茶《きっさ》マドラグ　　地図 ❻

メニューにはその名も〈コロナの卵サンドイッチ〉のほか、各種トースト、洋食メニュー、日替わりランチもあり、お酒も飲める。たまごサンドを頼むと、往年の「コロナ」ファンは再会の嬉しさに、初めてのお客さんは厚さに驚いて、誰もが笑顔に。

京都市中京区押小路通西洞院東入ル北側　**電話** 075-744-0067
営業 11:30 ～ 22:00 ※ランチ 11:30 ～／ディナー 18:00 ～(L.O. 21:00)　**定休** 日曜
アクセス 地下鉄烏丸線「烏丸御池」徒歩5分

やまもと喫茶《きっさ》　　地図 ❺

モーニングセットで朝からたまごサンドが愉しめるお店。白川沿いという立地で、ガラス張りの店内から見える四季折々の景色も美しい。5時間かけてつくるという、手づくりプリンも好評。

京都市東山区白川北通東大路西入ル石橋町307-2
電話 075-531-0109　**営業** 7:00 ～ 18:00 (L.O.17:30)　**定休** 火曜
アクセス 地下鉄東西線「東山」徒歩5分

SIZUYA志津屋《しずや》　　地図 ❸

昭和23年 (1948年) 創業。京都市内に21の直営店をもつ。JR「京都駅」や、地下鉄烏丸線「四条駅」にもお店があるので、旅のお供にも。〈ふんわりオムレツサンド〉のほか、〈元祖ビーフカツサンド〉やフランスパンサンドの〈カルネ〉なども昔ながらの美味しさだと人気。

本店：京都市右京区山ノ内五反田町10
電話 075-803-2550　**営業** 7:00 ～ 20:00　年中無休
アクセス 嵐電嵐山線「嵐電天神川」徒歩15分、地下鉄東西線「太秦天神川」徒歩10分

たまご好きは京都スタンダード
“生卵の載った親子丼”も愉しんで

とり新《しん》*　　地図 ❺

こぢんまりした焼き鳥屋さん。ランチ限定の親子丼が人気で、ランチメニューはこの親子丼のみ。卓上には七味、山椒が常備されており、京都らしさが感じられる。

京都府京都市東山区祇園縄手四条上ル　**電話** 075-541-4857
営業 12:00 ～ 14:00／18:00 ～ 22:00(L.O.)　**定休** 木曜 (12月30日 ～ 1月2日休)
アクセス 京阪本線「祇園四条」徒歩2分

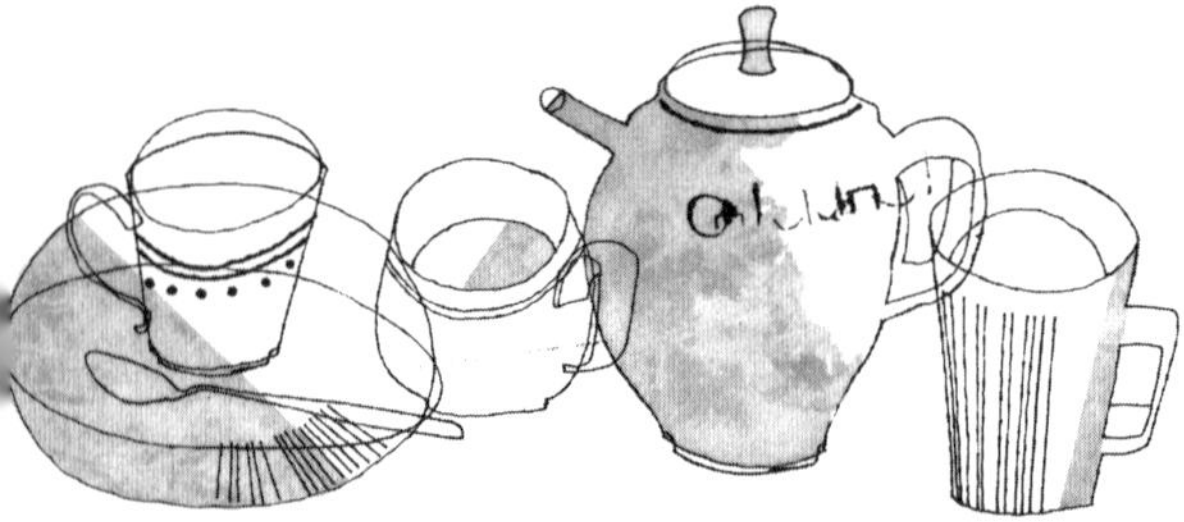

京の珈琲

京都に限ったことではありませんが、珈琲《コーヒー》がブームなのだそうです。

豆も厳選し、焙煎《ばいせん》方法や抽出にもこだわる、〈バリスタ〉と呼ばれる人たちも人気を呼んでいるようですね。僕はてっきり珈琲マシーンを言い表す言葉だと思っていました。

最近はなんでも大げさですね。職人さんを〈匠《たくみ》〉と呼び、さらには巨匠なんていう言葉も乱発されます。珈琲バリスタのマエストロ、なんて呼ばれる人がいるそうですが、きっとご本人はくすぐったいでしょうね。

それはさておき、京都は昔から珈琲好きが多いことで知られています。ハイカラ好みだったというせいでもありますが、朝に夕に珈琲の香りを愉《たの》しむ人はたくさんいました。もちろん今も珈琲ファンは健在です。特に旦那衆と呼ばれる人たちは、日本茶と同じように珈琲を愉しんでいます。

よく知られているのは「**イノダコーヒ**」でしょうか。まちがえないでくださいね。珈琲ではなく〈コーヒ〉ですから。

京都の朝はイノダから始まる。そんな言葉があるほど、朝早

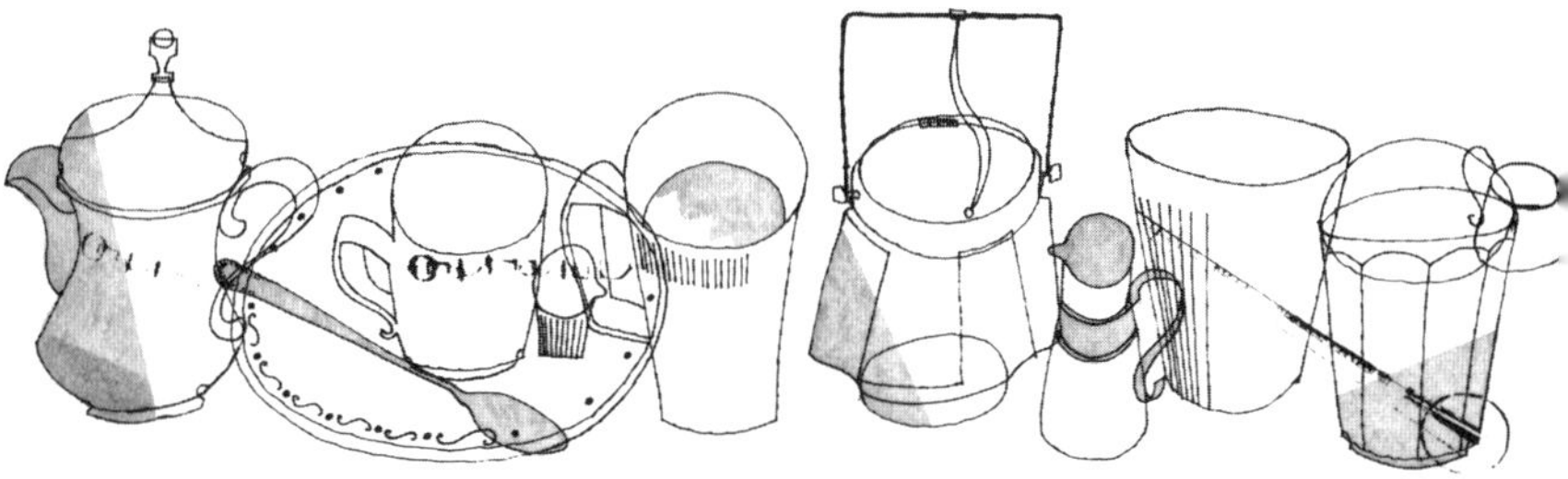

くから「イノダ」には多くの常連客が出向きます。

新聞を広げて、あるいはペーパーバックを片手にして、思い思いの朝を過ごします。それぞれ、珈琲には一家言あるのですが、ここでは多くを語らず、店に任せます。

今では好みを尋ねてくれますが、「イノダコーヒ」の珈琲は最初からミルクとお砂糖が入っているのが本流です。そのほうが余計なことに神経を使わなくていい分、客の側は楽なのです。

そして、ここが一番肝心なことなのですが、店側はこだわりを見せないようにしているのです。

今では褒め言葉のようにして使われることが一般的になりましたが、本来、こだわりという言葉はマイナスのイメージが強かったのです。

「そんな細かなことにこだわっていたら、立派なおとなになれんぞ」

よくそう言われたものです。

どんな淹《い》れ方であっても、美味しい珈琲ならそれでいい。そういう鷹揚《おうよう》さが求められた、古き良き時代を今に伝えているの

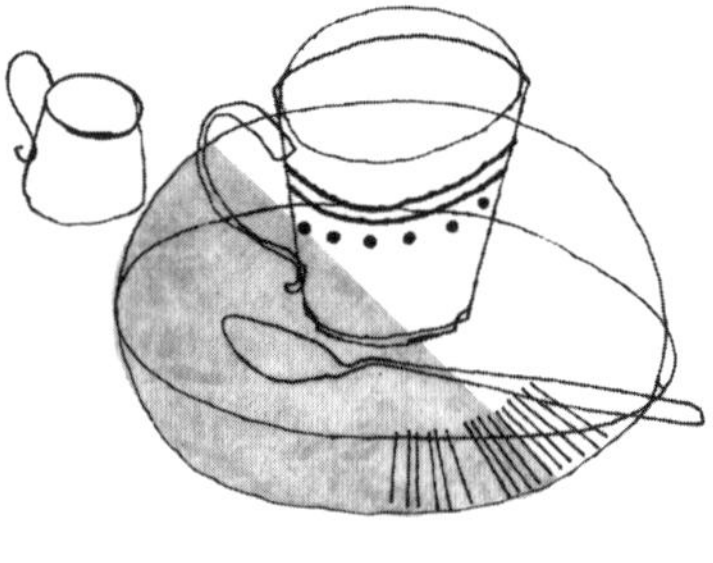

です。

それは何も「イノダコーヒ」に限ったことではありません。河原町六角《ろっかく》辺りにある「**六曜社**《ろくようしゃ》」でも、寺町三条近くの「**スマート珈琲店**《コーヒーてん》」でも、極めてていねいに淹れられた珈琲ですが、今の言葉でいうバリスタたちは、淡々と職人技をこなしていました。いや、過去形ではありませんね、今もそんなふうに珈琲を淹れています。

昔から京都にはたくさんの職人さんたちが、それぞれに誇りを持って働いています。互いの仕事を尊重し合い、敬意を払うのは当たり前のことです。なので、ことさらに自分の仕事ぶりを自慢することもなければ、ひけらかすこともしません。ごく当然のこととして、日々研鑽《けんさん》を積み、仕事の精度を上げていくのです。

毎朝、同じように淹れる、一杯の珈琲ではありますが、そこに職人としての誇りを込めて客に供します。それを心で受け留めるからこそ、客は好みも伝えず、黙って珈琲を味わいます。京都はそんな街なのです。

珈琲と一緒に食事もどうぞ

イノダコーヒ　地図 ❻

〈イタリアン〉という名のナポリタンスパゲティや、〈ビーフカツサンド〉など長年愛される人気メニューのほか、〈ロールパンセット〉もおすすめ。ロールパンに挟んであるのは熱々のエビフライ。朝11時までならボリュームある〈京の朝食〉も食べられる。〈みつ豆〉まであるデザートも充実。

本店:京都市中京区堺町通三条下ル道祐町140
電話 075-221-0507
営業 7:00 ～ 19:00
無休
アクセス 地下鉄烏丸線・東西線「烏丸御池」徒歩10分

六曜社《ろくようしゃ》　地図 ❺

手づくりの懐かしい味のするドーナツとこんがりきつね色のトーストが人気。朝8時半～ 11時半まではトースト、ゆで卵、コーヒーの正統派モーニングも。文化人や作家に愛されたレトロな雰囲気のなかでコーヒーと共にいただくのは格別。

京都市中京区河原町三条下ル大黒町36
電話 075-221-3820
営業 1階:8:30 ～ 22:30
地下:(珈琲)12:00 ～ 18:00　(バー)18:00 ～ 23:30
定休 水曜
アクセス 京阪本線「三条」徒歩3分、地下鉄東西線「京都市役所前」徒歩3分、地下鉄東西線「三条京阪」徒歩5分

スマート珈琲店《コーヒーてん》　地図 ❺

洋食を二品選んでセットできる〈スマートランチ〉やオムライスなど、ランチタイムに本格的な食事ができるレストラン部門が2階にあり、混み合う人気。
1階の喫茶でも各種サンドイッチや評判のホットケーキが愉しめる。

京都市中京区寺町通三条上ル天性寺前町537
電話 075-231-6547
営業 8:00 ～ 19:00
2階:ランチタイム 11:00 ～ 14:30(L.O.)
無休(ランチのみ火曜日定休)
アクセス 地下鉄東西線「京都市役所前」徒歩2分、京阪本線「三条」徒歩8分

京風ラーメン

京都のラーメンがいかなるものか、かなり浸透してきましたので、誤解される方は少なくなったと思いますが、それでも地方のフードコートなどでは〈京風ラーメン〉という名で、至極あっさりしたラーメンが売られていることがあります。

京風イコール薄味、という図式でつくられたそれは、素麺のような極細麺で、スープは薄い色の醤油味。まるでお澄ましのようなラーメン。京都でこんなラーメンを見かけたことは一度もありません。

京の薄味信仰がいつから始まったのか定かではありませんが、京都の料理はすべて薄味だと思い込んでいる方は少なくないですね。

たしかに懐石料理をはじめとする日本料理においては、京都の味付けは薄いほうかもしれません。しかしそれとて、見た目に比べて実際の味は薄くはないと思います。

出汁が澄んだ薄色をしているから、味も薄いと思われてしまったのでしょう。

ましてや街場の居酒屋や割烹、うどん屋さんなどで出てくる料理は、どれも濃い味付けだろうと思います。

京風ではなく、京都のラーメン。すべてと言っていいくらい濃いです。味も見た目も、とても薄味には見えません。

よく知られている京都駅近くの朝から営業している二軒のラーメン店。北側の「**新福菜館**《しんぷくさいかん》 **本店**《ほんてん》」は黒っぽいスープで知られています。同じく黒っぽい焼飯もそうですが、見た目ほどは濃い味ではなく、意外にあっさりしています。

その「新福菜館《しんぷくさいかん》」に隣接する「**本家 第一**《だいいち》**旭**《あさひ》」は見た目はそうでもありませんが、食べると濃厚な味付けで、クセになるほど美味しいです。

なぜ朝から営業しているかといえば、近くに卸売市場があり、朝の仕入れ帰りに立ち寄るお客さんが多いからです。早朝の仕入れは重労働ですから、濃い味付けが好まれるようになったというわけです。

薄味信仰の誤解はここにあります。軽作業くら

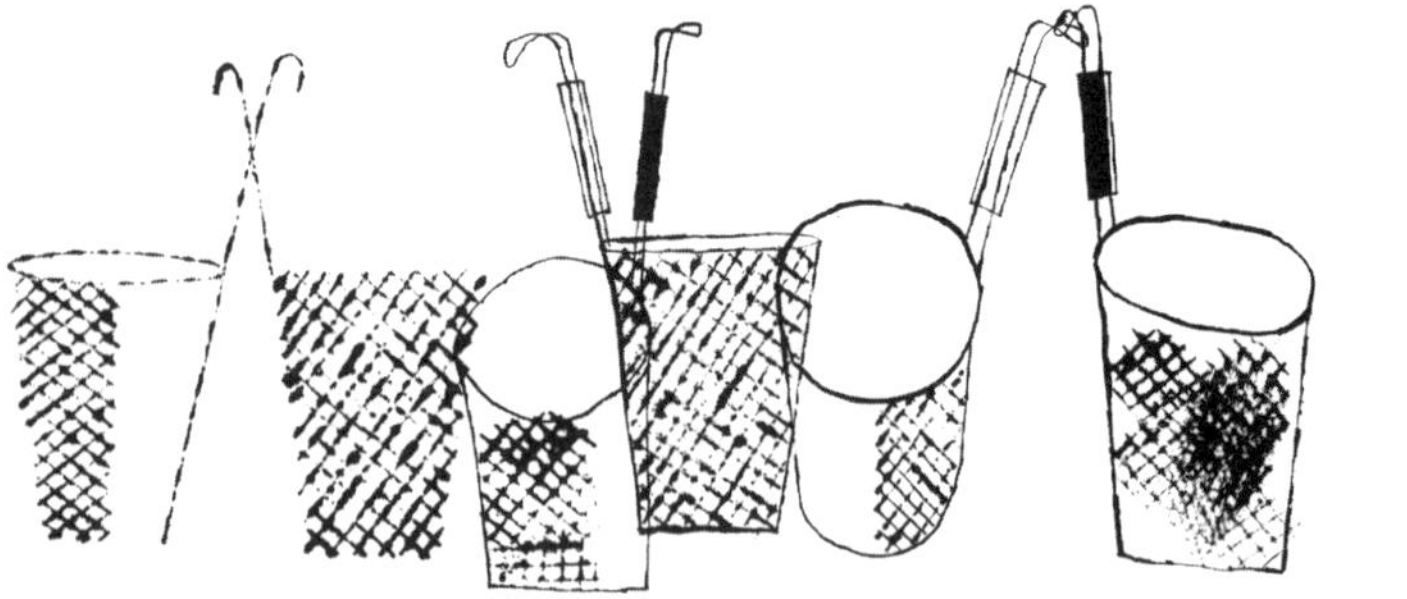

いしかしなかった、平安のころのお公家さんなら薄味でもいいかもしれませんが、京都で働くたくさんの職人さんたちは、仕事量も多く、長時間労働だったこともあり、濃い味付けを好みました。

時代が下って、職人さんが少なくなってくるのと入れ替わりに、京都の街は学生であふれ返るようになります。血気盛んな、地方から出てきた学生たちは食欲も旺盛で、ご飯をたくさん食べるために、濃い味付けのおかずを必要としたのです。

そんな経緯で、京都のお店はどこも濃い味の料理を出すようになりました。

しかし盛り付けや調理法の妙によって、一見したところでは、濃い味に見えないことから、今の時代になっても、京都は薄味だと思われているのでしょう。

ラーメンに話を戻しますと、今の京都は群雄割拠《ぐんゆうかっきょ》状態。個性あるラーメン屋がしのぎを削っています。洛北一乗寺《らくほくいちじょうじ》には〈ラーメン街道〉なんていう通りまであります。でも僕のお奨めは、ふつうのうどん屋さんの中華そば。あっさりした味で、しかし出汁のコクが効いています。是非一度味わってみてください。

文字どおり両雄並び立つ有名店

長く京都人に愛されてきた二店舗に、今は旅行者も夢中。お隣の行列を横目に見て、今日はこちらのお店にするが、次回は必ずあちらに、あるいは、せっかくだから即座にはしご、などという全国からのラーメン通が集まってくる。

新福菜館《しんぷくさいかん》 本店《ほんてん》　地図 ❼

京都市下京区東塩小路向畑町569
電話 075-371-7648
営業 7:30 ～ 22:00 ※水曜のみ11:00 ～ 15:00
定休 水曜不定休
アクセス JR京都線・地下鉄烏丸線「京都」徒歩5分
京阪本線「七条」徒歩12分

本家《ほんけ》 第一旭《だいいちあさひ》 たかばし本店《ほんてん》　地図 ❼

京都市下京区東塩小路向畑町845
電話 050-5570-0973（予約専用番号）
075-351-6321（お問い合わせ専用番号）
営業 5:00 ～翌2:00
定休 木曜
アクセス JR京都線・地下鉄烏丸線「京都」徒歩5分
京阪本線「七条」徒歩12分

ラーメンの美味しいレトロ居酒屋

京極《きょうごく》スタンド*　地図 ❺

昭和2年（1927年）創業の居酒屋。カウンターやテーブルも当時のものを使っているという。〈ハムかつ〉〈かす汁〉など、メニューも昔ながらの懐かしいものがずらり。ラーメンは京都スタンダードとも言うべき味の中華そばで、お酒とつまみを愉しんだあと、きまって〆に食べるという京都人も多い。

京都市中京区新京極通四条上ル中之町546
電話 075-221-4156
営業 12:00 ～ 21:00（L.O.）
定休 火曜
アクセス 阪急京都線「河原町」徒歩1分

柴漬け

京都に住まう人にとって、漬物は常に傍《かたわら》にあるもので、家に漬物がない、ということは考えにくいものです。僕が子どものころは、どこの家庭でも家で漬けていましたから、台所にぬか床があって当たり前でした。

友だちの家へ遊びに行くと、おやつ代わりに漬物が出てくることもありました。

「おなすが美味しい漬かったんやけど、食べてみいひん?」

親友のお母さんにそう言われて断るわけにはいきません。なす紺色に染まった浅漬けに、おろし生姜《しょうが》をたっぷり載せていただきます。

「どうえ? 美味しいやろ」

「はい。これまで食べた漬物のなかで一番美味しいです」

こうして京都人は、子どものころから世渡りがじょうずになってゆくのです。

そんな京都の漬物。〈京都三大漬物〉と呼ばれるものがあります。千枚漬け、すぐき漬け、柴漬け。数ある京漬物のなかで、これらをベストスリーとするのに異論もあるかと思いますが、僕などはうまく選んだなと思います。

千枚漬けとすぐき漬けは冬ならではですが、柴漬けは一年を通して食卓を彩ります。つまり、季節を問わず、となれば京漬物の代表は柴漬けということになります。

その柴漬けですが、京漬物のなかでは少し異色の存在ですね。千枚漬にしてもすぐき漬けにしても、自然な色合いで、いかにも京都の漬物といった風格がありますが、柴漬けのあの紫色は人工的に見えなくもありません。でも、ここが京都の奥深さというか、したたかさなのです。

千枚漬にもすぐき漬けにも歴史はありますが、柴漬けが生まれた物語にはかないません。何しろ『平家物語』のクライマックスと重なるのですから。

洛北大原。昔から美味しい野菜が収穫される場所としてよく知られていました。

寒暖差が激しい気候、豊かな土壌と水が野菜づくりに適していたのでしょう。その大原特産の野菜を漬物にしたのが柴漬けの始まりです。

栄華を誇った平家ですが、壇ノ浦《だんのうら》の戦で敗れ、安徳《あんとく》天皇

は入水《じゅすい》して命を落とします。その母君である建礼門院徳子《けんれいもんいんとくこ》（一一五五〜一二一三年ごろ）は皮肉なことに源氏に助けられてしまいます。はからずも生き恥を晒すことになってしまった徳子は出家し、大原「寂光院《じゃっこういん》」に蟄居《ちっきょ》します。

御所での暮らしとあまりに違うことに落胆する徳子を慰めようとして、里人が献上したのは大原特産の赤紫蘇の葉となすなどを漬けたもの。漬物を御所のシンボルカラーとも言える紫で染め、徳子に誇りを取り戻させ、勇気づけようとしたのでした。

里人の気遣いにいたく感じ入った徳子が、これを〈紫葉《しば》漬け〉と名付けたことが、柴漬けになったとされています。

「こんな場所ゆえこれくらいのもてなししかできませんが」

本来、〈おもてなし〉という言葉は、こうした謙虚さを表すものでした。おもてなしの原点は大原にあると言えるかもしれません。

徳子を偲んで

寂光院《じゃっこういん》

地図 ❶

594年に聖徳太子が創建したと伝えられる。平清盛の息女、建礼門院徳子は平家と安徳天皇の菩提を弔いながら、5人の侍女と暮らした。趣のある庭園は『平家物語』の「大原御幸《ごこう》」にも描かれている。瀟洒な本堂は2000年に焼失したが、2005年に元の姿に忠実に再建された。

京都市左京区大原草生町676
電話 075−744−3341
拝観 9:00 ~ 17:00(12月~ 2月　~ 16:30)　**拝観料** 600円　無休
アクセス 京都バス「大原」徒歩15分

里《さと》の駅《えき》 大原《おおはら》*

地図 ❶

大原まで足を伸ばすなら訪れたい場所が、のどかな畑や山に囲まれた「里の駅大原」。
大原でとれた野菜や、手づくりの加工品を売る「旬菜市場」、地元のお母さんたちが調理する旬の食材を使った家庭料理レストラン「花むらさき」などがあり、いつも賑わっている。野菜などは早い時間に売り切れることもあるので注意を。しば漬けも販売されている。大原のしば漬けはなすだけのもので、坂田さんのしば漬けが美味しいと評判だ。売り場には出荷者の写真とメッセージ付きの札が架かっているので、坂田さんのお写真とお名前を探してみては。
日曜日には朝市 (6:00 ~ 9:00) も開催される。これは京都の名だたる料理人が新鮮な野菜を求めたことが話題となり、多くの客が押し寄せた若狭街道沿いの朝市が引き継がれたもの。街道の渋滞解消のためつくられたのがこの「里の駅 大原」だった。朝市には野菜だけでなく鯖寿司、餅なども並ぶ。

京都市左京区大原野村町1012
電話 075-744-4321
営業 旬彩市場 9:00 ~ 17:00
花むらさき 8:30 ~ 17:00(平日、土曜祝日)
7:00 ~ 17:00(日曜日)
ふれあい朝市 6:00 ~ 9:00(日曜日のみ開催)
定休 月曜 (祝日の場合は翌火曜)　**アクセス** 京都バス「野村別れ」徒歩5分

花街洋食

京都の食といえば、つい和食に目がいきがちですが、京都は洋食の美味しい街でもあります。フレンチでも、イタリアンでもない、昔ながらの洋食です。

京都で洋食が盛んになったのには、いくつかのわけがありますが、そのひとつに花街《かがい》の存在があります。舞妓《まいこ》さんや芸妓《げいこ》さんが行き交う華やかな世界と、見た目も味付けも濃厚な洋食。一見すると不釣り合いに思える両者に、どんな繋がりがあるのでしょう。

京都には今、五つの花街があります。祇園甲部《ぎおんこうぶ》、祇園東《ぎおんひがし》、先斗《ぽんと》町《ちょう》、宮川町《みやがわちょう》、上七軒《かみしちけん》。本当はここに島原《しまばら》が加わるはずなのですが、組合に入っていないので、数えられません。大人の事情があるようです。

さて、その花街ですが、そこで出される料理は、当然ながら和食に限られます。お客さんと一緒に席に着く舞妓さんたちも、同じものを口にします。二十歳にもならない舞妓さん、和食ばかりだと飽きてくるのは自然の流れですよね。そこで洋食が脚光を浴びることになります。

〈ご飯食べ〉という習わしがあります。西陣あたりの旦那衆が、ひ

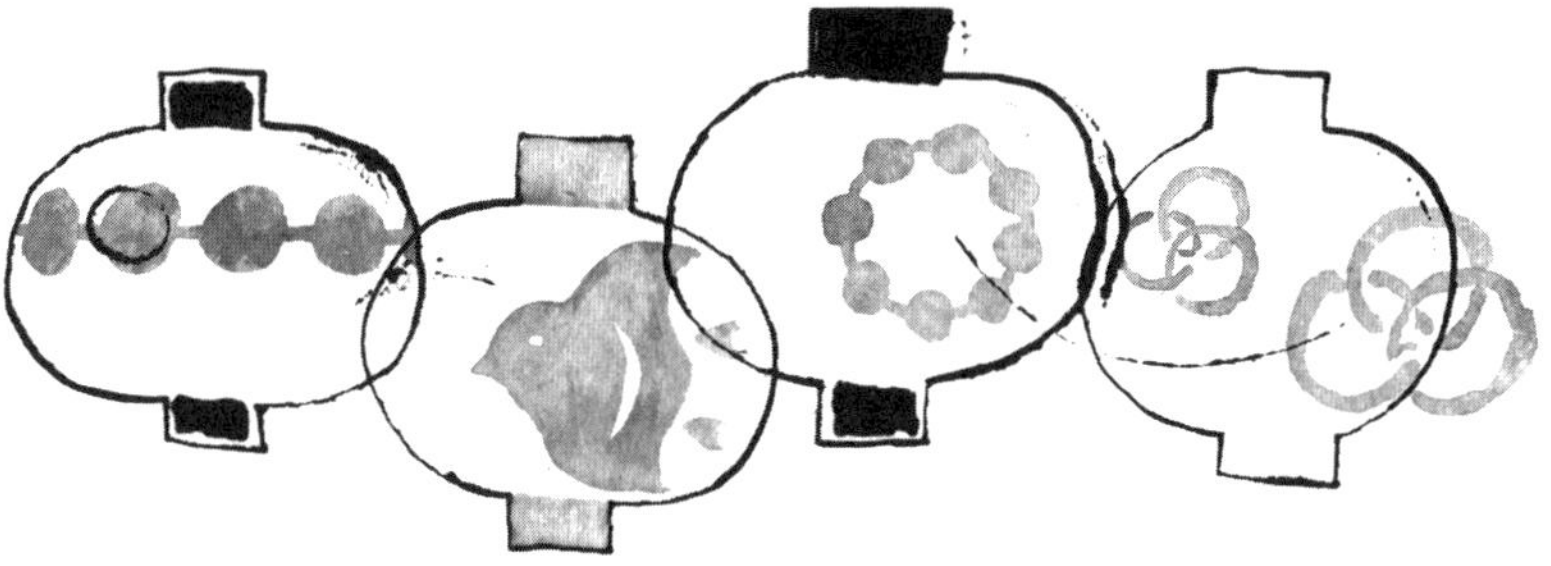

いきの芸妓さんや舞妓さんを連れて食事に行くことを言います。その多くは、お座敷に上がる前のこと。

「どや。なんぞうまいもんでも食べに行こか。何がええ?」

「おおきに。旦さん、うち、洋食が食べとおすねん」

というような会話が交わされた後、花街に暖簾をあげる洋食屋さんへと足を運ぶことになります。

エビフライやハンバーグ、ビーフシチュー。まだ幼さの残る歳に、田舎から京都へ出てきた少女に、これほど魅力的な食が他にあるでしょうか。

我を忘れて食らいつきたいところですが、そうもいきません。どれもお箸で小さく切り分けて口に運びます。

それを見ていた洋食屋の主人は、舞妓さんの、おちょぼ口に合うよう、最初から小さく切って出すことにします。それも、少しずつ、いろんなものを食べられるようにと、弁当に仕立てます。洋食弁当のはじまりです。今でも多くの洋食屋さんで食べられますが、僕のお奨めは、宮川町の「**グリル富《ふ》久《く》屋《や》**」と先斗町の「**開《かい》陽《よう》亭《てい》**」です。

花街の傍に名洋食店あり。今もその法則は生きているのですが、少しばかり事情があって、花街から移転した店も少なくありません。そこにも目を向ける必要があります。

たとえば、二寧坂《にねいざか》（二年坂）の路地奥に暖簾をあげる「**洋食《ようしょく》の店《みせ》みしな**」。この店はかつて祇園富永町《とみながちょう》で人気を博していた「つぼさか」という店の流れを汲んでいます。

このお店の名物はお茶漬けです。エビフライやビーフシチュー、クリームコロッケなどの洋食に舌鼓を打ったあと、あっさりしたお茶漬けで〆るのです。

京都らしい洋食といって、これ以上はないでしょう。

厳しい修業を重ねる、ある舞妓さんが、ふと故郷を思い出し、両親にこの洋食を食べさせてあげたいと、思わず涙をこぼしました。舞妓になって四年。京都に来て、初めての涙だったそうです。

舞妓さんを魅了した洋食

グリル富久屋《ふくや》　　地図 ❺

創業は明治40年（1907年）。佇まいは喫茶店のようだが、花街らしい、花うちわが飾られた店内でエビフライ、カツカレー、洋食弁当などが愉しめる。名物〈フクヤライス〉は、とろとろの卵の上にトマトやグリーンピースが載る、お花畑のように華やかなオムライス。中のケチャップライスはシンプルでさわやかな味わい。たまごサンドや、タルタルソースを使った海老サンドも美味しい。運が良ければ舞妓さんにも会えるかも。

京都市東山区宮川筋5-341
電話 075-561-2980
営業 12:00～21:00　**定休** 木曜、第3水曜
アクセス 京阪本線「祇園四条」10分、京阪本線「清水五条」10分

開陽亭《かいようてい》　　地図 ❺

創業は大正5年（1916年）。コンソメやデミグラスソースにこだわった洋食は、タンシチューやサーモンステーキなど洗練された高級なもの。洋食弁当にはフィレの照り焼きのほか、海老フライ、ホタテフライなど数品が入る。弁当の重箱は、舞妓さんのおこぼ下駄に見立てた赤い三段重。100周年を機に創業以来使っていた輪島塗の弁当箱をリニューアルした。

京都市中京区先斗町通四条上ル柏屋町173
電話 075-221-3607　**営業** 12:00～15:00　17:00～22:00（L.O. 21:30）　**定休** 火曜
アクセス 京阪本線「祇園四条」徒歩5分、阪急京都線「河原町」徒歩5分

洋食《ようしょく》の店《みせ》みしな　　地図 ❺

カウンター10席のみの小さなお店。ランチは予約ができないが、地元の常連客も多い。2週間かけてつくるデミグラスソース、細かくひいた自家製のパン粉を使った海老フライと、丁寧な仕事からつくり出される一皿一皿には本当の京都らしさが感じられる。ランチでは自家製ちりめん山椒などと共に〆にお茶漬けが出されるが、不思議と洋食に合うと評判。

京都市東山区高台寺二寧坂畔
電話 075-551-5561
営業 12:00～14:30（L.O.）／17:00～19:30（L.O.）　**定休** 水曜・第1第3木曜（祝日の場合は翌日）
アクセス 市バス「東山安井」徒歩10分、京阪本線「祇園四条」徒歩14分

蒸し寿司

おおむね料理には、それに適した温度というものがあります。

たとえばカレーライス。できれば熱々で食べたいですね。冷めたカレーなんて、想像しただけでげんなりします。

ラーメンもそうですね。出前で頼んだラーメンが冷めてしまい、麺も伸びていて、ぬるいスープに浸っていたら、誰も手をつけません。

ですが、同じ中華麺を使っていても、冷やし中華となれば逆ですね。氷もしっかり入っていて、麺もスープも冷たいままで最後まで食べ終えたいものです。

ではお寿司はどうでしょう。これは常温といいますか、熱くなく、冷たくなく、がいいですね。握り寿司なら人肌のシャリに、少しばかり冷たさを感じる程度のネタが合

わさってこそ、江戸前寿司の醍醐味です。歯に染みるような冷えた寿司も、火傷《やけど》しそうに熱々のお寿司もふつうにはあり得ませんね。でも京都には熱々のお寿司があるのです。

蒸し寿司です。平たく言えば、ちらし寿司を蒸籠《せいろ》で蒸したものです。気をつけて食べないと、口のなかを火傷してしまいそうになるほど熱々のお寿司です。

なぜお寿司を蒸すのかといえば、これを食べると身体の芯から温まるからです。〈京の底冷え〉という言葉があるほど、京都の冬は厳しい寒さに包まれます。比叡《ひえい》卸《おろし》が東山から都大路《みやこおおじ》に吹きおりてきて、鴨川の流れがそれをさらに冷やします。

北海道からやってきた友人が、京都は寒

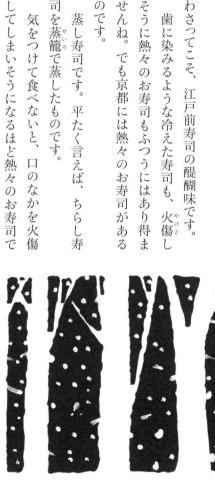

いと震えていました。

その寒さを乗り切るために、都人は食べもので身体を温めるのです。

蒸し料理がその代表です。

すり下ろした蕪《かぶら》でグジ（アカアマダイ）を包み、出汁餡《だしあん》を掛けて蒸し上げた〈グジの蕪蒸し〉は京の冬の風物詩です。と同じく冬ならではの美味が蒸し寿司です。

僕のひいきは寺町二条近くに暖簾《のれん》をあげる「**末廣**《すえひろ》」。生家がこの近くだったので、幼稚園児のころから今に至るまで、冬になると必ず毎年一度はこれを食べてきました。「末廣」の蒸し寿司を食べないと冬を越せないのです。

刻み穴子と干ぴょうなどがたっぷり入った酢飯の上に、錦糸卵を載せ、さらに、甘く煮付けた椎茸や、海老、穴子などの具が載ります。これを器ごとしっかり蒸すのです。

酢飯のお酢にむせながら、火傷しないようにハフハフしながら食べると、一気に身体が温まります。味の決め手は穴子だろうと思います。高知や長崎などでも蒸し寿司を食べる習慣があるようですが、それはどうやら京都から伝わっていったみたいです。

冬に京都を訪れて、格別寒い日だったなら、その日のランチは決まり。蒸し寿司以外に考えられません。

一年を通じて美味しい「末廣」の京寿司

末廣《すえひろ》　地図 ❺

「末廣」は、江戸時代天保年間(1830～1844年)に煮魚、煮しめ、煮豆などの総菜を販売する、煮売屋として創業。以来、〈京寿司〉をつくり続けている。どのお寿司もシンプルに美しく、味と同様、伝統に育まれた様式美のようなものを感じさせられる。細部にまでゆきとどいた職人技は、たとえば見事に細く均等に切られた錦糸玉子にも表れている。細いからこそ、ふんわりと美味しい。
観光客は鯖寿司や蒸し寿司に目がいきがちだが、いなりずし、箱ずしなど、どのお寿司も美味しいし、テイクアウトもできるので、是非お試しを。

定番メニューの一例

〈京風ちらしずし〉　生ものが入っていないのが京風。
〈京風箱ずし〉　焼きサワラが使われているのが特徴的。
〈いなりずし〉　にんじん、ごぼう、黒ごまが混ぜ込まれている。

季節ごとのお寿司の一例

2月　〈節分巻〉
3月3日限定の折り詰め　〈ひなちらし〉(数量限定。要予約)
9月下旬　〈炙りさんま寿司〉
11月～3月　〈蒸し寿司〉

京都市中京区寺町二条上ル要法寺前町711
電話 075-231-1363
営業 11:00～19:00
定休 月曜
アクセス 地下鉄東西線「京都市役所前」徒歩5分

地のツボ

京の地

京都というところは本当に不思議な街です。碁盤の目と呼ばれるように、整然と整った街並みもあれば、入り組んだ細い路地もたくさんあります。

それもまた長く都だったせいでもあるのです。平安京が置かれる前から、すでに京には豪族たちが住み着いていて、村というよりは、街らしき姿をつくっていました。

そこに桓武《かんむ》天皇が都を定め、千年以上もの長きにわたって、政《まつりごと》のみならず、経済や文化においても、日本の中心として栄えてきたわけですから、当然のことながら、たくさんの人が住み、行き来してきました。人が多くいればいるほど、諍《いさか》いの種も増え、争い事も起こります。けっして広くはない京に多くの人が暮らせば、火災も避けることはできません。

争いや火難によって、京の街は焼け落ち、そしてまた人の手によって再建される。その繰り返しによってできたのが、今の京都です。

したがって平安京の遺構はほとんど残されていません。それでも人は京の街に雅《みやび》な平安を見出すのです。

今そこにあるものだけを見ていたのでは、京都という街を理解できませんし、旅の愉しみも得られません。京都旅でもっとも大切なのは想像力です。心のなかのタイムスリップと言い換えてもいいかもしれません。その時代時代に思いを馳せることで、京都がくっきりと浮かんで見えてくるのです。

たとえば通り名《な》や町名ひとつでも、古《いにしえ》を彷彿させることもあります。今は影も形もなくても、かつてここに、こんなものがあった。それを通り名が教えてくれたりするのです。

そして京の街かどを歩けば、いろんなものに出合います。なぜここにこんなものが？　そんな不思議もありますし、他の土地では見かけることのない仕掛けがあったりもします。

お寺や神社の多さも京都ならではのことでしょう。有名な寺社だけではなく、街のいたるところに、至極小さなお寺がひそんでいます。グーグルマップにも掲載されていないお寺ながら、とんでもなく古い歴史を持っていることも少なくありません。

バスやタクシーに乗って、ただ観光コースを回るだけでは、けっして京都は本当の姿を見せてはくれません。大通りから細道へ、路地裏へと歩けば、京の街の成り立ちがとてもよくわかります。

京都に生まれ育って、とうに暦がひと回りした僕ですら、歩くたびに新たな発見があるのが京都という街なのです。

おひがしさん

京都の人って不思議ですねぇ。人間でなくても、いろんなものに〈さん〉を付けるのですから。たとえば飴。〈あめさん〉と言います。少し敬った形だと〈お裏さん〉。裏千家のことです。これがしかし、実際に存在する店の場合は〈はん〉になることが多いのです。

〈俵《たわら》屋《や》はん〉〈イノダはん〉〈瓢《ひょう》亭《てい》はん〉。

〈さん〉と〈はん〉をどう区別しているのか。正直なところ、僕にもよくわかりません。あくまで、なんとなく、なんです。これは〈さん〉で、あれは〈はん〉。ふむふむ。たしかにそう区別しても、おかしくないです。でも、それを定義づけすることなど、絶対にできません。あくまで気分なのですから。

京都というところは、とても気まぐれです。そこを理解してもらわないと、京都を愉しむことなんて、できやしません。

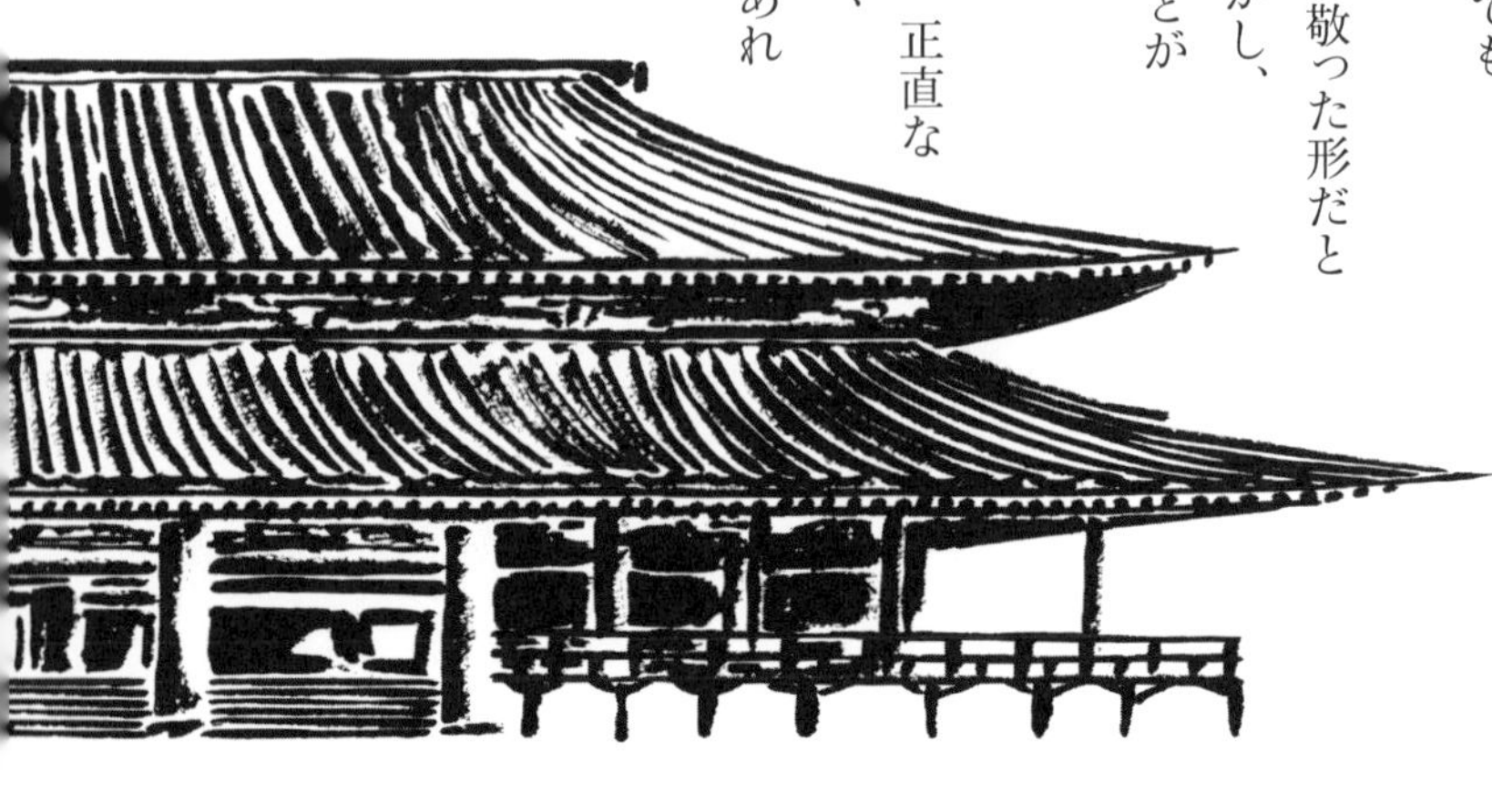

京都駅に着いて、烏丸口《からすまぐち》側で最初に目に入るのは京都タワー。和ろうそくを象《かたど》ったと言われていますが、本当は灯台をイメージして建てられたものです。

建設当初は強い反対運動が起こりましたが、いつものことです。しばらく経《た》って街並みに馴染んでくれば誰も何も言いません。

ここから少し北へ上ると七条通に出ます。その北西角に建っているのが「**東本願寺**《ひがしほんがんじ》」。京都人はここを〈おひがしさん〉と呼びます。実際には〈おひがっさん〉と聞こえます。そしてここから西へ行くと「**西本願寺**《にしほんがんじ》」があります。〈おにっさん〉と言う人もありますが、そう多くはありません。あまり語呂がよくないからでしょうね。

本願寺が東と西に分かれた経緯をきちんと書こうとすれば、この本一冊費やすほどになりますから、簡単に言います。

それ以前は大坂にあった〈石山本願寺〉を、半ば強引に京都

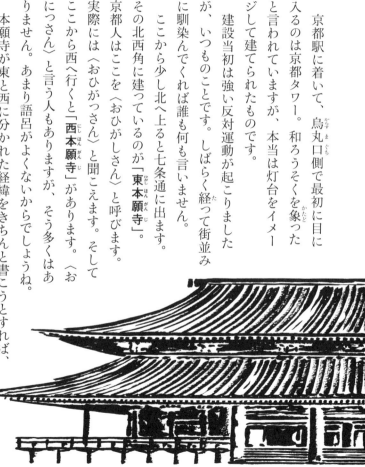

に持ってこようとしたのは織田信長で、その遺志を継いだ豊臣秀吉が土地を寄進して、京都に遷《うつ》したといいます。これが今の「西本願寺」です。京都へ遷るにあたっては、さまざまな軋轢《あつれき》があり、長く抗争が続きました。ですから京都へ遷ってからも遺恨は残っていました。最後まで移転に反対した一派を抱き込んで、もうひとつの本願寺を生んだのは徳川家康で、それが今の「東本願寺」です。つまりは戦国時代の、信長・秀吉連合vs家康という対立構図が、本願寺をふたつに分けてしまったといわれているのです。

ちなみに〈石山本願寺〉の跡地に秀吉が建てたのが「大坂城」です。つまり本願寺が京都に遷らなければ、今の「大阪城」は観られなかったのですね。歴史というものはおもしろいものです。

ところでふたつの本願寺。西は世界遺産に登録されていますが、東はされていません。両方訪ねてみると、なんとなくわかるような気がします。たとえば国宝にも指定されている西本願寺の〈唐門《からもん》〉。別名を〈日暮らし門〉と呼ぶだけあって、見事な装飾の数々は見飽きることがありません。見どころの多いお寺です。ふたつの本願寺を訪ねて、戦国時代に思いを馳せるというのも一興かと思います。

世界最大級の木造建築。
おみやげにはお干菓子を

東本願寺《ひがしほんがんじ》

地図 ❼

東本願寺は浄土真宗大谷派の本山。宗祖・親鸞聖人の御真影《ごしんねい》（木像）を安置する御影堂《ごえいどう》は高さ38メートル、東西58メートル、南北76メートルの世界最大級の木造建築。

烏丸通をはさんだ飛地境内地にある「渉成園《しょうせいえん》」は桜の名所として知られる。元は嵯峨天皇の皇子で光源氏のモデルとされている源融《みなもとのとおる》（822 ～ 895年）が営んだ六条河原院の旧跡だとも伝えられている。

なお、お干菓子がお土産として売られていて、「おひがしさんのおひがし」としてひそかな人気を呼んでいる。

京都市下京区烏丸通七条上ル常葉町754
電話 075-371-9181
拝観 5:50 ～ 17:30 ※11月～ 2月は6:20 ～ 16:30　**拝観料** 無料 ※非公開の建物も
渉成園　9:00 ～ 17:00 ※11月～ 2月は ～ 16:00（最終受付各30分前）
庭園維持寄付金 500円以上（ガイドブック付き）
アクセス JR京都線「京都」徒歩7分、地下鉄烏丸線「五条」徒歩5分

国宝、重要文化財、天然記念物もある世界遺産

西本願寺《にしほんがんじ》

地図 ❼

西本願寺は浄土真宗本願寺派の本山。1272年に建てられた親鸞聖人の廟堂が起源。

桃山時代の豪華な彫刻が施された唐門には、色鮮やかな獅子や麒麟などが見られる。晩秋に色づく大銀杏は樹齢約400年で京都市の天然記念物。水が噴き出し火災を消し止めたという伝説がある。

御影堂や阿弥陀堂の廊下には木の節穴などを動物や植物を象った木で埋めた〈埋め木〉がある。どこか愛嬌のある埋め木を探すのも愉しい。

京都市下京区堀川通花屋町下ル
電話 075-371-5181
拝観 5:30 ～ 17:30　※5月～ 8月は5:30 ～ 18:00、11月～ 2月は5:30 ～ 17:00　**拝観料** 無料
アクセス 市バス「西本願寺前」すぐ

鬼門の猿

　鬼門。それは鬼がやってくる方角を言います。艮《うしとら》の方向。つまりは北東にあたります。今の時代に、鬼がやって来るなどと誰も思っていませんが、京都の人は異様なほど、この鬼門を気にかけます。

　土地を買うときはもちろん、家を建てるときにも、鬼門がどこかを、たえず頭に入れています。

　鬼は不浄なものを好みますから、鬼門の方角は清浄を保たなければいけません。洗面所、風呂、台所など汚水が出る設備は、北東の方角につくってはいけないと言われます。

　それでも鬼がやって来たときのために、防御装置を施します。敷地の北東の角に柊《ひいらぎ》や南天《なんてん》の木を植えるのです。柊は、その尖った葉先が鬼の目を射るといいますし、南天は〈難を転じる〉という語呂合わせ的なものです。

　そんなもので鬼が防げるのか、と思われる方もおられるでしょうし、そもそも鬼などいるわけがない、とも言われるでしょう。

それでも京都では今の時代になっても、これを守っているのです。試しに、京都の街なかを歩いてみてください。柊や南天の木はすぐに見つかるはずです。コンパスがあれば調べてみてください。必ずそれは北東の角のはずです。

千二百年以上も前、平安京が置かれるときから、都の人々は鬼門を畏《おそ》れていましたが、当時の鬼門封じは猿に託されました。なぜ猿かといえば、陰陽的な方角で、艮の反対が申《さる》だからです。十二支の元にもなっていますが、それぞれの方角に動物を当てはめていたのです。

鬼の絵を見ると、牛のような角を生やし、虎の皮の下着を着けていますね。つまり鬼は、丑《うし》と寅《とら》、艮なんです。その真反対の方角にいる猿には、鬼の魔力を封じる力が備わっているといいます。

猿は天皇も護っていたのですが、今もちゃんと「**京都御所**《きょうとごしょ》」にいます。天皇は今は東京へお出かけになっていて、留守にしておられますが、御所の北東の隅っこ、〈猿が辻〉と呼ばれるとこ

ろには猿がいます。この〈猿が辻〉、よく見ると、その角だけ塀がくぼませてあります。鬼門の角をなかったことにしよう、という目論見《もくろみ》です。もちろんそれだけでは心もとないので、猿を常駐させました。塀の屋根の下に木彫の猿が御幣《ごへい》を担いでいます。

この猿は鬼が来ないときはヒマなので、通る人々にイタズラをします。あまりにそれを繰り返すので、とうとう金網に閉じ込められてしまいます。今もそのままの猿の姿が見られます。

他にも、この近くの「**幸神社**《さいのかみのやしろ》」のお堂の北東の角に、同じ姿の猿がいますし、ここから北東へとたどった「**赤山禅院**《せきざんぜんいん》」にも同じく猿の像が安置されています。

今どき鬼の存在など信じているはずはないのですが、京都の人々が鬼門という存在を封じようとするのは、災いを畏れてのことなのです。鬼はその象徴でしかありません。天災に備える気構え、災いを避けるための方策など、常に準備を怠らないという姿勢を示すのが鬼門封じで、それを代々伝えてきたことで、今の京都の隆盛があるのです。

北東に一直線。
同じ方角で古都を守る3匹の猿

京都御所《きょうとごしょ》

地図 ❹

1331年から約540年間、歴代の天皇がこの場所にお住まいだった。現在の京都御所は1855年の造営。貴重な建造物は、春と秋には一般公開される。それ以外の時期は往復はがきやインターネットで申し込めば、無料で参観することができる。申し込み手順など詳しくは宮内庁のホームページ http://sankan.kunaicho.go.jp/guide/kyoto.htmlで。
なお、「猿ヶ辻」の猿は外側から見ることができる。
京都御所を囲む広大な京都御苑は梅や桜、紅葉も美しい市民の憩いの公園。

京都市上京区京都御苑内
電話 075-211-1215　宮内庁京都事務所参観係
アクセス 地下鉄烏丸線「今出川」徒歩5分
市バス「烏丸今出川」から徒歩5分

幸神社《さいのかみのやしろ》

地図 ❹

「幸神社」は平安京を造営するときに鬼門に祀った「幸神」が起源。猿像は本殿の東北の金網のなかに見られる。現在は方除けだけでなく、縁結びの神社としても訪れる人が多い。

京都市上京区寺町通今出川上ル西入幸神町303
電話 075-231-8774
参拝 自由　**参拝料** 無料
アクセス 地下鉄烏丸線「今出川」徒歩11分
市バス「河原町今出川」徒歩10分

赤山禅院《せきざんぜんいん》

地図 ❶

888年、延暦寺の塔頭《たっちゅう》として創建された。京都の表鬼門《おもてきもん》にあたり、金網に入れられた猿が拝殿の屋根の上から御所を見守っている。秋は紅葉の名所に。

京都市左京区修学院開根坊町18
電話 075-701-5181　**拝観** 9:00～16:30　**拝観料** 無料
アクセス 叡山電鉄叡山本線「修学院」徒歩16分
叡山電鉄叡山本線「宝ケ池駅」、「三宅八幡」徒歩17分

京の鳥居

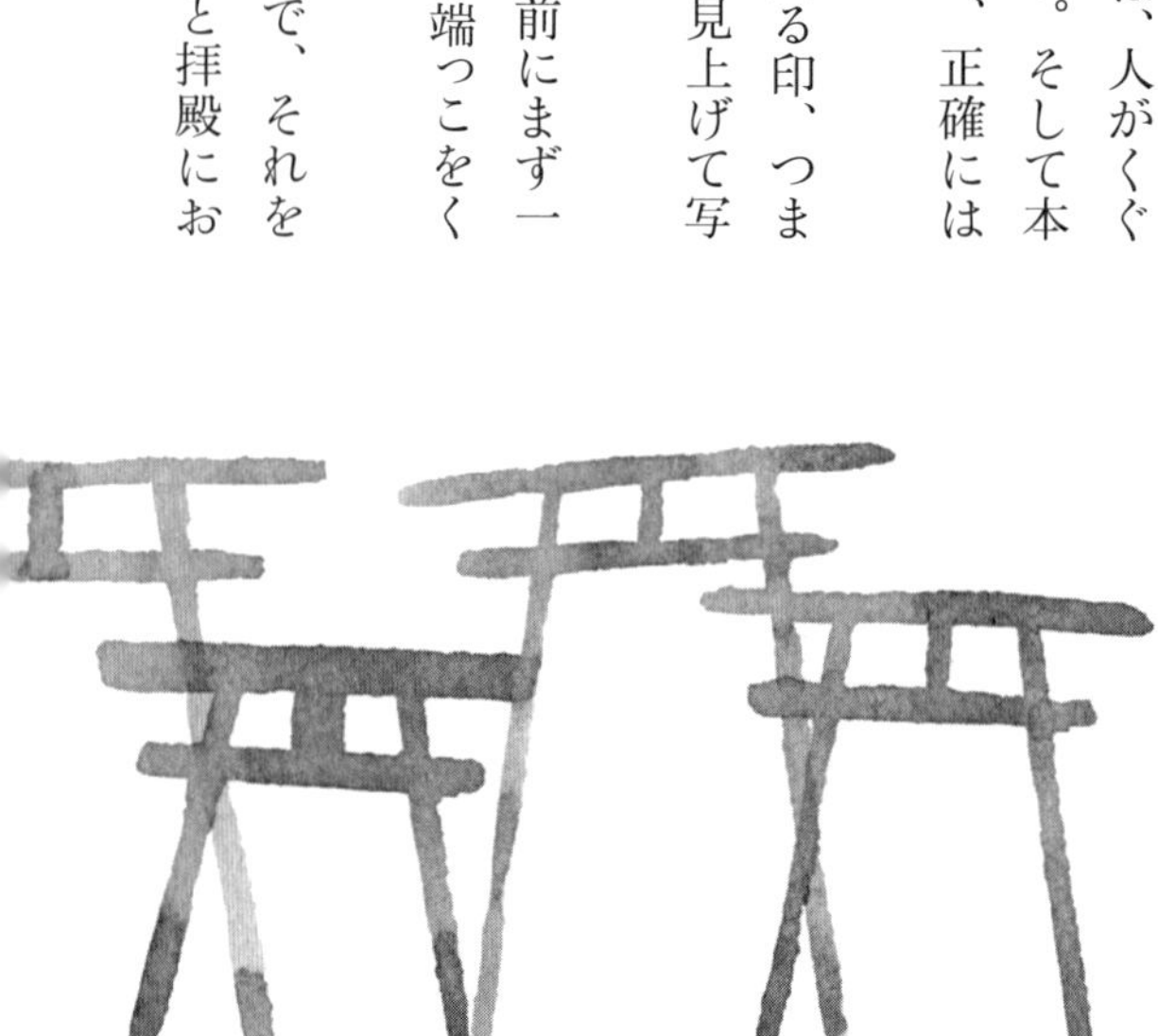

京都を訪れる外国人観光客の人気ナンバーワンは、「**伏見《ふしみ》稲荷《いなり》大社《たいしゃ》**」の〈千本鳥居〉だそうです。そう言われるとわかるような気がします。謂《いわ》れや成り立ちなど知らなくても、あの朱色の鳥居が幾重にも連なる様《さま》は、不思議な昂揚《こうよう》感を与えてくれます。

ちなみに〈千本鳥居〉とは言いますが、実際には、人がくぐることができる鳥居は三千を超えているようです。そして本来、鳥居というのは基という単位で数えますから、正確には〈三千基鳥居〉と呼ぶべきなのでしょうね。

それはさておき、鳥居というものは、神域に入る印、つまりは俗世との結界を意味するものですから、ただ見上げて写真を撮るだけのものではありません。

一番手前にあるのが〈一の鳥居〉。これをくぐる前にまず一礼しましょう。そしてできれば、真ん中ではなく端っこをくぐります。真ん中は神さまの通り道ですから。

京都の神社には変わった鳥居もたくさんあるので、それを観て歩くのも愉しいものです。もちろん、ちゃんと拝殿にお参りしてからのことですが。
たとえば「二条城」の近くに建つ「**御《み》金《かね》神《じん》社《じゃ》**」の鳥居は金色に輝いています。〈おかね〉ではなく〈みかね〉と読み、元は金属全般にまつわる神社なのですが、金運にも恵まれるといわれています。小さな神社ですが、一度は参拝しておきたいものです。

もうひとつ。ユーモラスな鳥居をご紹介しましょう。四条大和大路通を南に下ったところに建つ「**恵《え》美《び》須《す》神《じん》社《じゃ》**」。十《とお》日《か》戎《えびす》で大いに賑わう社ですが、この境内に建つ石の鳥居を見上げてみると、ふくよかな笑顔の恵美須さまのお顔が箕《み》のなかに見えます。

網状になった箕に下からお金を投げて、みごと入れば幸運に恵まれるという言い伝えがあります。周りに充分注意しながらやってみましょう。ところでこの恵美須さま。耳が少々遠いようです。お参りの際は、本殿の横手に回って、横板をトントンと叩きましょう。その音で恵美須さまは、お参りに来たことに気付かれるのです。

ちょっと不気味な鳥居もあります。洛西嵯峨野《さがの》にある「**野《の》宮《みや》神社**」の〈黒木の鳥居〉がそれです。

お能の演目〈野宮〉に描かれているとおり、六条《ろくじょう》御息所《みやすどころ》の生霊が出てくる、切なくも哀愁に満ちた物語の舞台になった神社です。明るい朱色ではなく、木肌をそのまま使った黒木の鳥居が物語の雰囲気にぴったりです。

鳥居そのものは、ふつうの石の鳥居なのですが、そのあり様がちょっと不思議なのは「**錦天満宮**」参道の鳥居です。錦市場《にしきいちば》から続く錦通の東の突き当たりに神社があるのですが、その手前に建つ鳥居、なんと笠木《かさぎ》の両端が、参道の両側の家に突き刺さっています。つまり鳥居が壁を貫いているのです。道路設計のミスだったのかもしれませんね。

他に、京都で変わった鳥居といえば、〈京都三珍鳥居〉と呼ばれるものがあります。京都御苑にある「**厳島《いつくしま》神社**」の〈唐《から》破風《はふ》石鳥居〉、「**北野天満宮**」の「伴氏社《ともうじしゃ》」の石鳥居の額束《がくづか》、と「**木嶋《このしま》神社**」の〈三柱《みはしら》鳥居〉がそれです。見てのお愉しみ。京都鳥居巡りもお奨めです。

⛩ 伏見稲荷大社《ふしみいなりたいしゃ》　地図 ❾

全国に3万以上あるという稲荷神社の総本宮。創建は711年。稲荷山の神々を巡拝する「お山巡り」が人気。

京都市伏見区深草藪之内町68
電話 075-231-0301
参拝 自由／無料
アクセス JR奈良線「稲荷」すぐ
京阪本線「伏見稲荷」徒歩5分

⛩ 御金神社《みかねじんじゃ》　地図 ❻

本殿の鈴《すず》緒《お》も輝く金色。本殿の裏の大銀杏は樹齢200年を超える大木。銀杏の形の絵馬もかわいい。

京都市中京区西洞院通御池上ル押西洞院町614　**電話** 075-222-2062
参拝 境内自由／無料
アクセス 地下鉄東西線「二条城前」徒歩4分、「烏丸御池」徒歩6分

⛩ 恵美須神社《えびすじんじゃ》　地図 ❺

「建仁寺《けんにんじ》」を建立した栄西禅師《ようさいぜんじ》が海上でえびすさまに助けられたので「建仁寺」山内にお祀りしたという。

京都市東山区大和大路四条下る小松町125　**電話** 075-525-0005
参拝 8:30 ～ 17:00 ／無料
アクセス 京阪本線「祇園四条」徒歩6分
阪急京都線「河原町」徒歩8分

⛩ 野宮神社《ののみやじんじゃ》　地図 ❸

平安の風情を今に伝える、伊勢神宮に仕える皇女が身を清めた場所。苔の庭も美しい。

京都市右京区嵯峨野宮町1
電話 075-871-1972
参拝 9:00 ～ 17:00 ／無料
アクセス JR嵯峨野線「嵯峨嵐山」、嵯峨トロッコ列車「トロッコ嵐山」徒歩6分

⛩ 錦天満宮《にしきてんまんどう》　地図 ❺

この場所に移って400年。繁華街にありながら、四季折々の花が咲き、名水・錦の水が湧く神社。

京都市中京区新京極通り四条上ル之町537　**電話** 075-231-5732　**参拝** 8:00 ～ 20:30　**アクセス** 阪急京都線「河原町」徒歩1分、「烏丸」徒歩5分

⛩ 厳島神社《いつくしまじんじゃ》　地図 ❻

京都御苑間ノ町口の近く、九條池のほとりにある、通称「池の弁天さん」。

京都市上京区京都御苑内6
電話 075-211-4769
参拝 自由
アクセス 地下鉄烏丸線「丸太町」徒歩5分
市バス「烏丸丸太町」徒歩5分

⛩ 北野天満宮《きたのてんまんぐう》　地図 ❷

全国の天神社・天満宮の総本社。屈指の梅の名所で約1500本の梅は1月～ 3月頃まで徐々に開花する。

京都市上京区馬喰町　**電話** 075-461-0005
参拝 4 ～ 9月 5:00～18:00／
10～3月 5:30～17:30
アクセス 市バス「北野天満宮前」すぐ

⛩ 木嶋坐天照御魂神社《このしまにますあまてるみたまじんじゃ》　地図 ❸

創建は7世紀前後と考えられている。通称「木嶋神社《このしまじんじゃ》」または「蚕《かいこ》の社《やしろ》」。三柱鳥居は三方から参拝できる。

京都市右京区太秦森ヶ東町50
電話 075-861-2074　**参拝** 自由／無料
アクセス 京福電鉄嵐山本線「蚕ノ社」徒歩3分、市バス「蚕ノ社」徒歩3分

東寺と西寺

京都といって、まず目に浮かぶ光景はいくつかありますね。「清水寺」の舞台、「金閣寺」、鴨川の流れ、などでしょうか。

京都を特集した雑誌やテレビ番組には、必ずと言っていいほど使われるそんな絵柄のひとつに「**東寺**《とうじ》」の五重塔があります。五重塔といえばもうひとつ、京都では〈八坂《やさか》の塔〉もよく知られています。「**法観寺**《ほうかんじ》」というお寺なのですが、東山の裾野にあるので、塔は坂道に建っています。近くには町家が密集していますので、ひと目見ただけで区別がつきます。「東寺」は京都駅の近くにあるので、新幹線と一緒に写っていることも少なくありません。

通称は「東寺」ですが、正しくは「教王護国寺《きょうおうごこくじ》」といいます。創建されてから千二百年もの歳月を重ねたお寺で、日本で最初の密教寺院といわれています。

五重塔そのものは、何度も焼失したため、今建っている塔は寛永二一年（一六四四年）に建てられた、五代目にあたるものですが、「東寺」そのものは、唯一ともいっていい平安京の遺構です。

平安遷都と時を同じくして建てられた〈官寺《かんじ》〉、すなわち国立のお寺だったのです。今では京都中お寺だらけですが、当時はこの「東寺」ともうひとつの〈官寺〉である「西寺《さいじ》」だけだったと伝わっています。はて、その「西寺」はどこにあるのでしょう。

残念ながら今は**〈西寺跡〉**として残っているだけで、その姿を観ることはできません。滅びてしまったのです。

かつて羅城門《らじょうもん》を挟んで、東に「東寺」、西に「西寺」があり、嵯峨天皇によって、空海と守敏《しゅびん》に下賜《かし》されました。空海と守敏は強力なライバルとして知られ、何かにつけて対立していたといいます。天皇もこのふたりに絶大な信頼を置き、危機に直面すると助けを求めていたようです。

ある年、京都はひどい干ばつに苦しみます。長く日照りが続き、都人が悲鳴をあげ、見かねた天皇は、ふたりに雨乞いを命じます。

先攻は守敏です。十七日間祈禱《きとう》を続けた結果、ようやく都に雨が降り、守敏は勝ち誇りますが、雨は街なかに降っただけなので、すぐにまた干上がってしまいます。

続くのは空海。懸命に祈禱しますが一向に雨は降りません。諦めきれない空海は、守敏が水の神さまである龍神を隠していたのを見つけます。そしてその龍神さまと共に祈ると、雨が降り続き、都は平安を取り戻しました。空海の勝ちです。

当然ながら守敏の評判は下がり、逆に空海は天皇の信頼を得ます。これを逆恨みした守敏は空海暗殺を謀《はか》るのです。羅城門の前で空海を待ち伏せした守敏が矢を放ちます。と、どこからか現れた黒衣の僧が身代わりとなって矢を受け、空海を救いました。

この話が広まると守敏の評価は地に落ち、それにともなって「西寺」が滅びてしまったというわけです。ズルをすると最後はこうなる、という教訓ですね。

黒衣の僧はお地蔵さまだったと言われていて、〈矢取地蔵《やとりじぞう》〉と呼ばれる像は今も羅城門跡でたいせつに祀られています。

高さ55メートルの五重塔は木造建造物日本一

東寺《とうじ》

地図 ❼

世界遺産の東寺は、日本初の密教寺院。重要文化財の講堂には大日如来を中心に五大明王《ごだいみょうおう》など21体の仏像が安置され、立体曼荼羅《りったいまんだら》といわれている。空海の住まいだった国宝、御影堂《みえどう》は一の膳、二の膳、お茶をお供えする生身供《しょうじんく》が始まる朝6時から誰でも参拝でき、仏舎利《ぶっしゃり》を授けてもらうことができる。春には樹齢120年を超える「不二桜」をはじめ、約200本の桜が愉しめ、晩秋には紅葉が瓢箪池の水面に美しく映える。

京都市南区九条町1
電話 075-691-3325
開門 5:00 ～ 17:30(9月20日～ 3月19日は、～ 16:30)
拝観 8:30 ～ 17:30(9月20日～ 3月19日は、～ 16:30)
※受付終了は各30分前
拝観料 500円(金堂、講堂)※特別公開時は異なる。詳細はホームページで確認を。
御影堂、食堂《じきどう》などは無料
アクセス JR京都線「京都」徒歩15分
近鉄京都線「近鉄東寺」徒歩10分
市バス「東寺東門前」「東寺南門前」「東寺西門前」「九条大宮」すぐ

法観寺《ほうかんじ》(八坂《やさか》の塔《とう》)

地図 ❺

創建は飛鳥時代という古刹《こさつ》。現在の塔は1440年、足利義教《あしかがよしのり》が再建したもの。高さ46メートルで、二層目まで内部見学可能。不定休なので、事前に確認を。

京都市東山区清水八坂上町388
電話 075-551-2417　**拝観** 10:00 ～ 16:00　不定休
拝観料 400円(中学生未満は拝観不可)
アクセス 京阪本線「祇園四条」徒歩15分、「清水五条」徒歩約17分
阪急京都線「河原町」から徒歩20分、市バス「東山安井」または「清水道」徒歩5分

◉ 西寺跡《さいじあと》

地図 ❼

唐橋西寺公園に西寺跡の史跡があり、礎石からその規模を偲ぶことができる。

京都市南区唐橋西寺町　唐橋西寺公園
アクセス 市バス「西寺前」徒歩3分
JR京都線「西大路」徒歩7分

天使突抜

京都には不思議な名前が付いた土地がたくさんあります。**悪王子《あくおうじ》町《ちょう》**なんていう、ちょっと怖い町名もあれば、そのすぐ近くには、**匂《におい》天神町《てんじんちょう》**などという雅な名の付いた町もあります。

これらの町名や地名は、平安の昔に由来するものもあれば、戦国時代になって名付けられたところもあります。

後者のひとつに、〈天使突抜《てんしつきぬけ》〉というところがあります。

夢のある、綺麗な名前のようにも思えますが、何しろ天使を突き抜けるわけですから、残酷といえば残酷な名前ですよね。

なぜこんな名前が付いたのか。そこに関わってくるのは、天下人として世に名高い豊臣秀吉です。

秀吉は〈天正《てんしょう》の地割《じわり》〉と呼ばれている、区画整理を行いました。平安の都につくられた碁盤の目のような〈大路《おおじ》〉。商売のため〈大路〉に面した土地に人々が集中して住むようになると、真ん中に空き地ができてしまいます。これをもったいないと思った秀吉は、その〈大路〉の中間に〈小路《こうじ》〉を通すことで、空地《くうち》を活用しようとしたわけです。なかなかいいアイデアですよね。

今も残っている堺町通《さかいまちどおり》や間之町通《あいのまちどおり》などが、この天正の地割によってつくられた通りです。

新たな町ができ、活気が出てきたことに気を良くした秀吉は、上京《かみぎょう》の賑わいを下京《しもぎょう》にまで広げようとして、南北に連なる大通りをつくります。場所でいうと、今の京都御苑辺りから、おおむね京都駅近辺りまで。当然のことながら、その途中には寺社仏閣も多く存在していました。

何ごとにも強引な秀吉。そこにあった、或る神社のなかをも貫いて道路にしました。広く町衆から愛されていた「五條天神社《ごじょうてんじんじゃ》」という神社です。

義経と弁慶が出会ったことでも知られる神社は、〈天使さま〉とも呼ばれて親しまれていました。

そんな大切な神社のなかまで道を通してしまった秀吉の横暴ぶりに、町衆たちは皮肉を込めて、ここを〈天使突抜〉と名付けたのです。

こともあろうに、〈天使さま〉を突き抜けさせる

とは、いくらなんでもひどすぎる。そんな町衆の怒りが今も地名として残っている。そこが京都の奥深いところです。

地名の話で不思議なのは、京都には◎丁目と付くところがほとんどないということです。僕の知る限りにおいては、天使突抜一丁目、二丁目のほか、数か所しかなかったかと思います。

丁目の〈丁〉は長さの単位で、ひとつの街を一定の長さで区切って、丁目とした地名は日本中の市町村にたくさん存在しているのに、京都にはほとんどない。これも不思議なことです。

天使突抜一丁目というのは、京都の地名が独特の表現法を用いる、典型的な例だろうと思います。

地名も一筋縄ではいかないのが京都

烏丸《からすま》、先斗町《ぽんとちょう》など読みにくい地名、〈上ル、西入ル〉などが付く住所、さらには住所にも通称があってそれで手紙も届くなど、京都人以外にはなかなか理解しにくい京都の地名。

地名の由来も神様、高貴な人々から戦争、外来語とじつにさまざま。なかには「さすがにそれは」ということで変えられたものもあるという。

悪王子町《あくおうじちょう》　元悪王子町《もとあくおうじちょう》

素戔嗚尊《すさのおのみこと》を祀る神社、「悪王寺社」があったことから付けられた地名。〈悪〉は〈強力〉という意味。現在は「八坂神社」内にある「悪王寺社」だが、かつてあった場所が現在の悪王子町。そしてさらにその移転前の場所が元悪王子町である。

このように京都では、建造物などが移転前にあった場所に〈元〉を付けて町名にしていることがよくある。

匂天神町《においてんじんちょう》

菅原道真公を祀る神社、「匂天神」があるところ。明治時代に神社に由来するこの地名となったが、「匂天神」は周辺開発によりいったんは社がなくなる。1972年、京都銀行本店東館ビルの壁面にある小さな祠《ほこら》として復活した。

轆轤町《ろくろちょう》

江戸時代に清水焼の陶工が住んでいた場所なので、陶器を作る道具である〈轆轤《ろくろ》〉にちなんだ町名になったといわれているが、別の説もある。平安時代は風葬《ふうそう》が行われており、このあたりに数多くの髑髏《どくろ》があったことから、もともとは髑髏町だったのを、江戸時代に変えた、というものだ。

轆轤町には「六波羅蜜寺《ろくはらみつじ》」と「西福寺《さいふくじ》」があり、西福寺の角がこの世とあの世の分岐点とされる「六道《ろくどう》の辻」。平安時代の葬送の地、鳥辺野《とりべの》の入口だったという。


現在も使われている千本通《せんぼんどお》り、西院《さいいん》、蹴上《けあげ》などの地名も、字面からは想像がつきにくいが、驚くべき意味を持っており、京都の奥深さを感じさせられる。

路地と辻子

京都には次々とブームがやってきます。つくられている、と言ってもいいでしょう。少し前は町家でしたが、今は路地裏ですね。本当の京都は路地裏に潜んでいる。僕もそんな本を書いて、路地裏ブームにひと役買ったのではありますが。

路地と書いて、京都の人は〈ろぉじ〉と読みます。子音に母音をくっつけて長く伸ばすのは京都人の習わしです。

お陽さまも、〈おひぃさま〉です。目は〈めぇ〉だし、歯は〈はぁ〉です。短く言い切ってしまうのに比べて、母音を伸ばすと余韻が残るような気がします。

ろじ、と言い切るより、ろぉじ、と言ったほうが親しみが持てますでしょ。路地の奥に何かが潜んでいるような気もしてきますし。

さて路地という言葉。ただ単に細い道のことを言うのではありません。行き当たりになっていて、通り抜けできない道のことを路地と言うのです。そして通り抜けできる道は辻子《ずし》と言います。

この路地と辻子が洛中にはたくさんあり、名前が付いているところもあれば、名も無き路地や辻子もあります。

路地で言えば**「あじき路地《ろじ》」**が最近の注目株です。京都五花街のひとつ、宮川町の近くにあって、三味線《しゃみせん》をつくったり、お菓子を焼いたりする若い職人さんたちが集まっていることで知られています。週末など、限られた時間にはお店として営業しているところもありますが、多くは通常、工房として利用されていますので、邪魔にならないよう気をつけたいものです。

辻子なら「紋屋辻子《もんやずし》」が人気です。これは、紋屋という名が示すとおり、西陣の真ん中にあります。紋屋とは、宮中に納める有職織物《ゆうそくおりもの》を取り仕切った御寮織物司のことで、江戸時代には紋屋六軒のうち五軒までがここにあったそうです。

長さ五十メートルほどの短い辻子ですが、整った家並みが美しさを際立たせています。

そしてその「紋屋辻子」のなかほどから北に延びる路地があり、そこは〈三上家《みかみや》路地〉と呼ばれています。

十五メートルほどの路地の、突き当りが三上家。「紋屋辻子」に今も残るただ一軒の紋屋さんです。

言ってみれば、三上さんちの路地。ここには大きな壺が目印となる陶芸教室などもあります。訪れる人の一番人気は「ドラート」という蜂蜜専門店です。

アカシアやミカン、サクラ、レンゲなど。国の内外を問わず、美味しい蜂蜜がたくさん並んでいます。一風変わったおみやげにもいいですね。

ただ、こうしたお店があるのは、例外だと思ってください。京都の街なかに残る、たくさんの路地や辻子は生活の場です。狭い空間でひっそりと暮らしているのです。そっと窺う程度に留めるのが路地や辻子との、正しい接し方です。

路地が注目されるきっかけとなった長屋

あじき路地《ろじ》　**地図 ❺**

長年空き屋だった長屋を、「ものづくりをがんばっている若者に」と、大家さんが貸し出したのが始まり。「職住一体」という新しい試みは話題を呼び、多くのマスコミにも取り上げられている。

京都市東山区大黒町通松原下ル2丁目山城町284
アクセス 京阪本線「清水五条」徒歩5分、「祇園四条」徒歩10分、阪急京都線「河原町」徒歩15分
※迷う人も多いので、オフィシャルホームページで確認を。

Maison de Kuuu（メゾン ド クゥ）*　**地図 ❺**

丁寧に焼かれた優しい味わいの焼き菓子が並ぶ。フランスの伝統菓子から、いよかんや粒あんなど和のテイストも取り入れたものまであり、新鮮ながら懐かしさも。

あじき路地 北1　**電話** 075-541-3927　**営業** 土曜日、日曜日／ 11:00 ～ 18:00

きとら（綺斗羅）*　**地図 ❺**

家紋や和文様は、人々の願いが込められた、古くからあるすぐれたデザイン。それらをモチーフに、ふだん身につけられるよう、シンプルに仕上げたシルバージュエリーのお店。

あじき路地 南2　**営業** 第2土曜日、日曜日／ 11:00 ～ 18:00（1 ～ 3月、12月は～ 17:30）

織家《おりや》まりきこ*　**地図 ❺**

西陣で学んだ女性ふたりによるお店。つづれ織りの美しさを伝えたいと、バッグや帯から、ティッシュカバー、携帯ストラップまで、伝統の技とモダンなセンスが融合した作品を制作。

あじき路地 南2　**電話** 080-6142-5261　**営業** 第3土曜日、日曜日／ 11:00 ～ 18:00

アーティストが多く住む路地の赤い看板

京都西陣蜂蜜専門店《きょうとにしじんはちみつせんもんてん》 ドラート　**地図 ❷**

国内はもちろん、アルゼンチンからロシアまで信頼できる養蜂家から買い付けている蜂蜜は、店内で試食もできる。蜂蜜への愛情あふれるご主人は、知識も豊富。

京都西陣本店：京都市上京区大宮通五辻上ル西入ル紋屋町323　**電話** 075-411-5101
営業 13:00 ～ 18:00　**定休** 木曜
アクセス 市バス「今出川大宮」徒歩3分

錦市場

　お寺や神社以外の名所として、京都を代表するスポットとして必ず紹介されるのが「**錦《にしき》市場《いちば》**」です。ほとんどが〈京の台所〉という枕詞《まくらことば》を付けて紹介しますね。

　たしかに昔はそうでしたが、今の錦市場をして〈京の台所〉とは、もう呼べなくなったと僕は思っています。

　その最大の理由は、錦市場が立ち食い通りと化してしまったからです。

　どこの店が始めたのか、今となってはわかりませんが、あちこちの店でいろんなものを串に刺して店先で売っています。

　煮蛸《にだこ》、焼き魚、天ぷらなどの串刺しを観光客が食べながら歩き回っているのが今の錦市場です。

　家の台所で立ち食いをしていたら、必ず母親に叱られましたよね。僕もそうでした。

「そんな下品なことしたらあかん」

　立ち食いどころか、歩き食いをしている場所を、台所などと呼べるわけはありません。

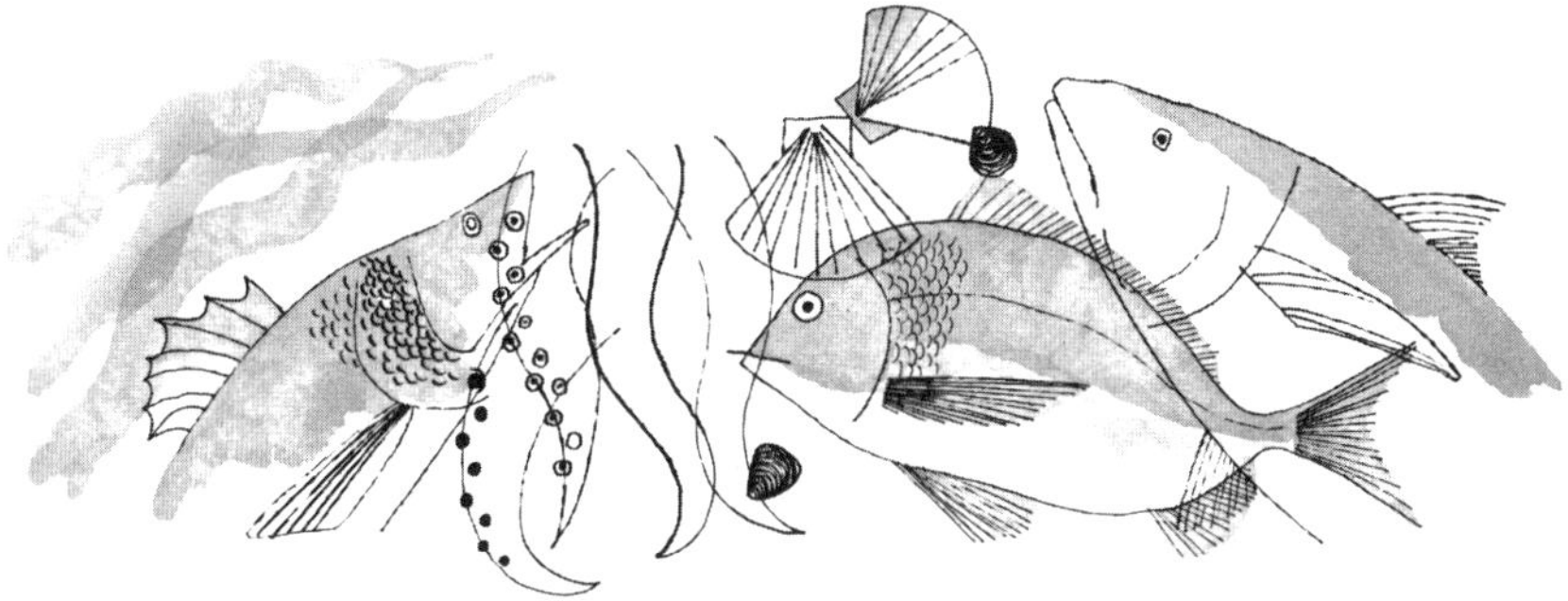

今、インターネットで錦市場を検索すると、〈錦市場食べ歩き〉という項目が真っ先に上がってきます。つまり錦市場は、食材を買う市場としてではなく、食べ歩きストリートとして名をなしているのです。

今の時代は立ち食いに寛容なようですが、昔の京都人はこれを厳しく戒めました。お祭りの屋台で買ったタコ焼きですら、家に持ち帰って食べたものです。みっともない、はしたない、というのがその理由でした。

ではなぜ錦市場がこんな、みっともない姿をさらすようになったのか。その端緒はイートインだったと記憶しています。

とある青果店が店の二階に食事処を設けました。話題にもなり、客も多く、これはこれで悪いことではありませんでした。

これに続いたのが店の奥で食べさせるイートインスペース。この辺りから危うくなります。錦市場の店はどこもが、それほど広いスペースを持っていませんから、通りを歩くと、店の一角で食べている姿が目に入ります。みっともない、の始ま

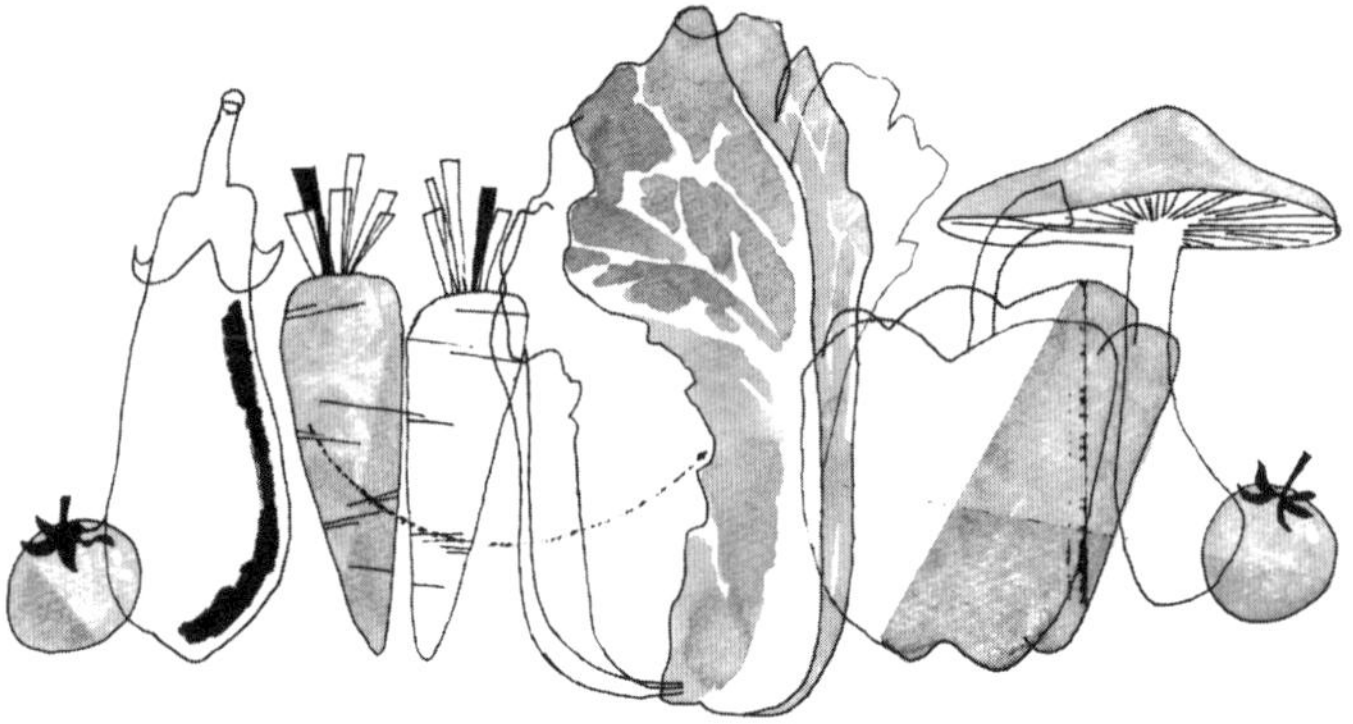

りですが、店も観光客もそんなことお構いなし。一軒が流行りだすと、次から次へとイートインを始めます。ついには店の前で食べさせる店が現れます。なし崩しになると元に戻せません。イートインのスペースを持てない店が串刺しを売り、歩き食いを推奨するに至りました。

江戸時代後期の天才絵師、伊藤若冲《じゃくちゅう》は、錦市場の青果店に生まれました。その若冲は錦市場が危機に陥ったとき、東奔西走して窮地を救いました。若冲が今の錦市場を見たらどれほど嘆くことでしょう。

そんな錦市場ですが、かつての誇り高き市場の様子を垣間見せてくれる時間帯があります。

観光客が動き始める前。早朝から午前の早い時間まで。この時間に錦市場を訪れると、さすが〈京の台所〉だと感心させられます。買い付けに来たプロの料理人と食材店の主人とが、丁々発止のやり取りを見せます。それから後は家庭の主婦。お値打ち品をさらりと買っていきます。

錦市場は朝だけ〈京の台所〉となるのです。

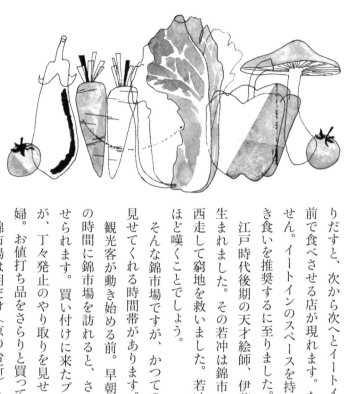

変わりゆく台所

錦市場《にしきいちば》

地図 ❻、❺

錦市場が本格的な魚市場になったのは1615年。1927年に青果や精肉なども取り扱う〈京の台所〉に。1993年にアーケードを新しくし、現在は東西390メートルに約100軒の専門店がひしめく。

京都市中京区錦小路通の寺町通〜高倉通間
アクセス 市バス「四条高倉（大丸百貨店前）」徒歩2分
地下鉄烏丸線「四条」徒歩3分
阪急京都線「烏丸」徒歩3分

地元で愛されてきた商店街

三条会商店街《さんじょうかいしょうてんがい》*

地図 ❻

100年の歴史を誇る、京都最大、800メートルのアーケード商店街。京都ならではの老舗仕出し店や、ちょうちんを扱うお店など個性的な180の専門店があり、いつも賑わっている。
屋台村やお化け屋敷などのイベントも愉しい。

京都市中京区三条通の堀川通〜千本通間
アクセス JR嵯峨野線・地下鉄東西線「二条」徒歩5分

大将軍商店街《だいしょうぐんしょうてんがい》*

地図 ❷

商店街のある一条通は平安京の北の端。結界にあたるここを妖怪が行進したという百鬼夜行伝説にちなみ、商店街は通称〈妖怪ストリート〉となった。店先には地元民と京都の芸術大学の学生が制作した妖怪たちが置かれている。うちの一軒、フランス人とアメリカ人の建築家が運営する「Yokai SOHO（妖怪ソーホー）」は、カフェ、ギャラリー、宿泊施設などを備えたユニークなスペース。

京都市上京区一条通の下《しも》の森〜西大路間
アクセス 京福電鉄北野線「北野白梅町」徒歩1分
市バス「北野白梅町」徒歩1分

鯖街道

鯖寿司は京名物のひとつとされています。よく考えてみれば不思議な話ですね。京都は三方を山に囲まれた盆地ですし、鯖は言うまでもなく、海で獲《と》れるものです。なぜその鯖を使ったお寿司が京都の名物と言われるまでになったのでしょう。

その謎を解くヒントは、鯖街道という道筋にあります。今の福井県、若狭小浜《わかさおばま》から、険しい山々を越えて、京の街へとたどる道筋を鯖街道と呼びます。文字どおり鯖を運んだ道だからです。

――京は遠ても十八里――と言われたそうですから、その距離はおよそ七十二キロほどでしょうか。

俗に〈鯖の生き腐れ〉という言葉があるほど、鯖は傷みやすい魚ですから、冷蔵技術など持たないころは、鮮度を保ったまま小浜から京都へ運ぶのは、さぞや大変だっただろうと思います。一塩あてることで腐敗を防ぎました。

鯖街道の起点は小浜の市場ですが、終点は出町柳《でまちやなぎ》の近く、**「出町桝形商店街《ますがたしょうてんがい》」**近辺だと思われます。

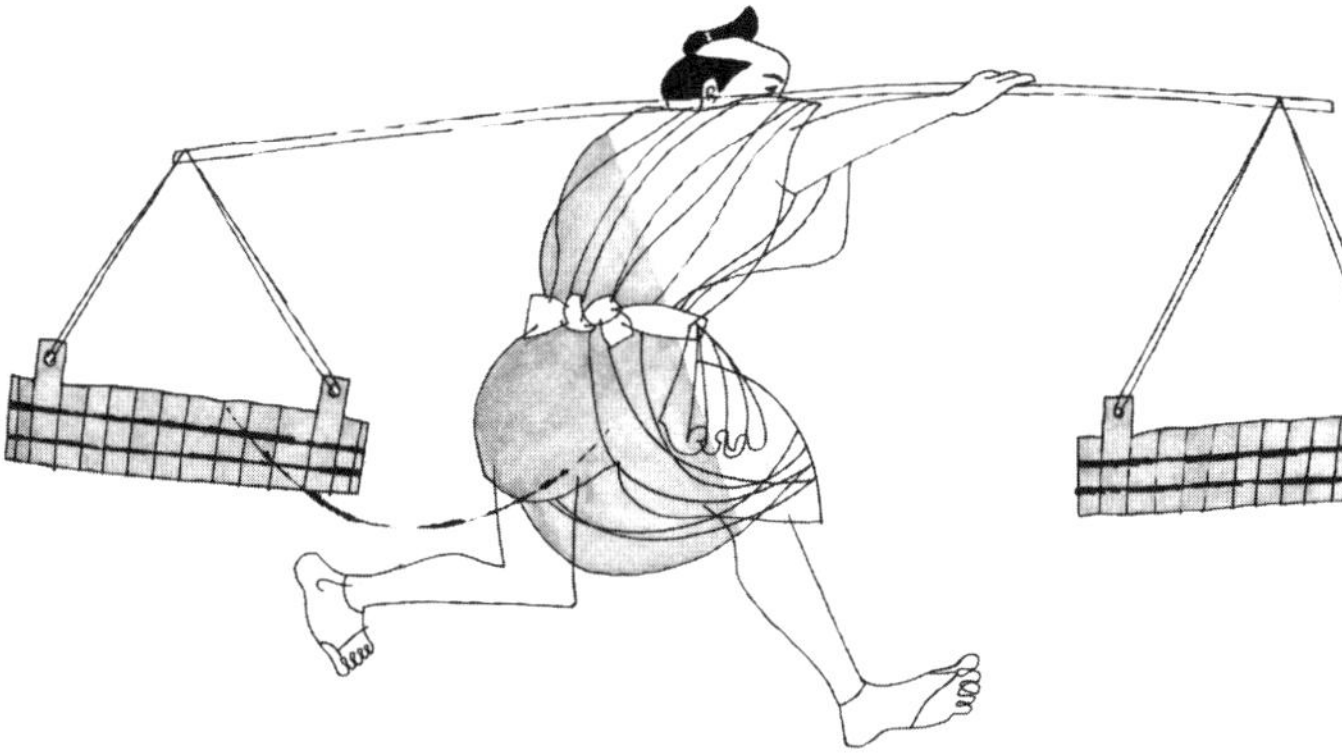

地図をご覧いただくとおわかりいただけると思いますが、この商店街は「京都御所」のすぐ近くにあります。当然のことながら、鯖街道をたどってきた鯖は、真っ先に御所やお公家さんなど、やんごとない人々のもとへと届けられたことでしょう。

京都人にとって、鯖寿司がハレの日の食べものになったのは、きっとここに理由があるのだと思います。庶民を素通りして貴族の口に入った鯖、せめてお祭りの日くらいは食べてみたい。僕が子どものころは、お祭りの日には、母や祖母たちがたくさんの鯖寿司をつくったものでした。それを親戚やご近所さんに配るのは子どもの役目です。贈り先の人数によって大きさが異なりますから、まちがえないよう、慎重に配ります。うれしいのは必ずお駄賃をもらえること。家中にむせ返るようなお酢の匂いが漂う日は、子どもにとって二重の喜びでした。

今では家庭でつくることは珍しくなり、馴染みの仕出し屋さんやお寿司屋さんでつくってもらうか、買ってくることが増えました。

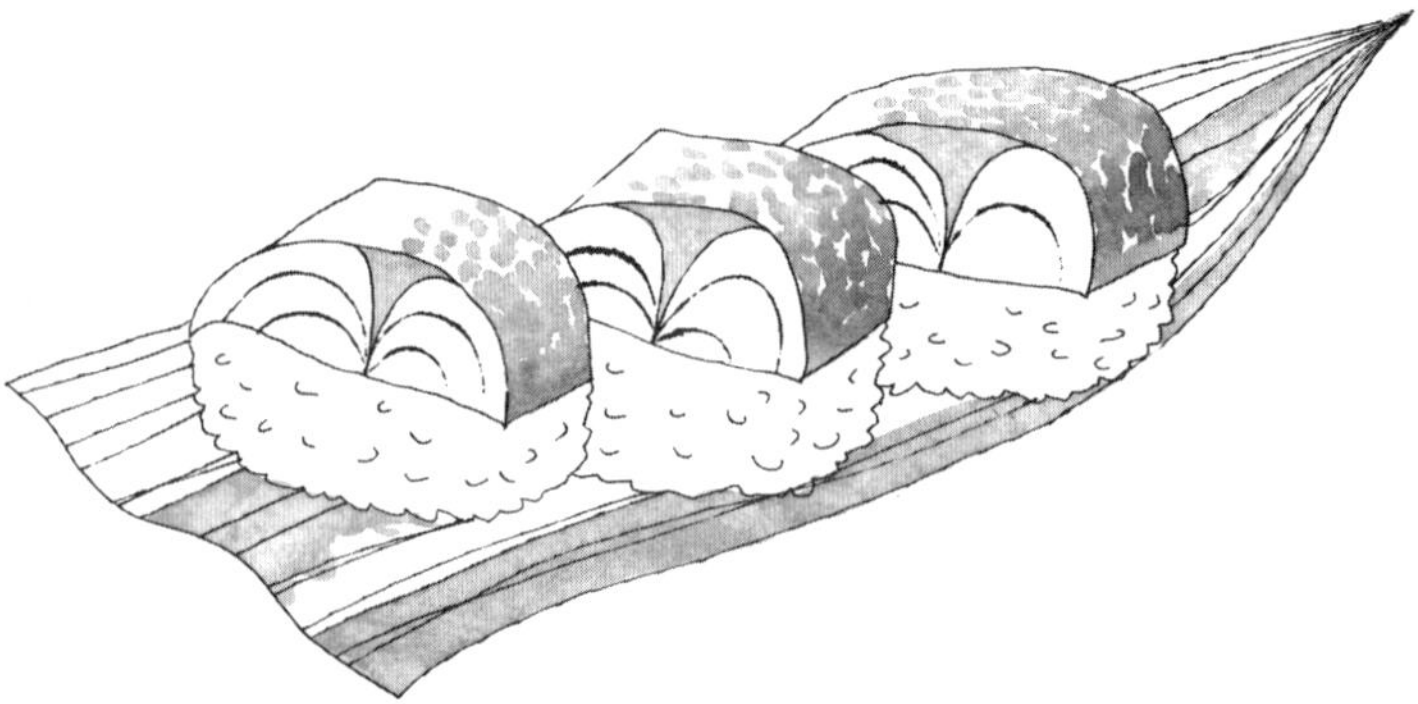

鯖街道の終点にある桝形商店街のなかにある「**満《ま》寿《す》形《がた》屋《や》**」は、うどん屋さんですが、この店の鯖寿司は安くて美味しいと評判です。お店で、うどんと一緒に食べることもできますし、おみやげに買うことも可能です。往時の鯖街道気分を味わえます。

街なかだと「**いづ重《じゅう》**」がお奨めです。「八坂神社」の西楼門《にしろうもん》前、祇園石段下の交差点近くにあって、昼どきは行列ができることもある人気店です。

分厚い鯖の身を巻いている昆布は、外して食べます。昆布の旨みがしっかり乗った鯖の味わいは、この店ならではです。

鯖寿司のほか、この店のおいなりさんも、とっても美味しいので、是非お試しください。ほどよい甘さの油揚げに包まれた酢飯には、麻の実が入っていて、香ばしい歯ざわりが愉しめます。昔は京都のお店のおいなりさんには、必ずこの麻の実が入っていたものですが、今は少なくなりました。きちんと伝統を守っている店のお寿司は、やはりまちがいなく美味しいのです。

今も生きている鯖街道の恵み

出町枡形商店街《でまちますがたしょうてんがい》　地図 ❹

鯖街道にちなんだ大きな鯖のモニュメントが吊され、「桝形アーケード」として近隣の人に親しまれている。164メートルに約40軒。上質な商品を扱っているので、おみやげを探すこともできる。

京都市上京区桝形通出町西入二神町170（事務局）
アクセス 京阪本線「出町柳」徒歩5分、市バス「河原町今出川」徒歩3分、
地下鉄烏丸線「今出川」徒歩8分

満寿形屋《ますがたや》　地図 ❹

看板には「すし・めんるい」とあり、一見ふつうの食堂。ひと口では頬ばり切れないほど大きな鯖寿司ふた切れと、出汁の効いたうどんのセットが大人気。早い時間に売り切れてしまうことも。

京都市上京区桝形通出町西入ル二神町179
電話 075-231-4209
営業 12:00 ～ 18:00　**定休** 水曜
アクセス 京阪本線「出町柳」徒歩5分、市バス「河原町今出川」徒歩3分

いづ重《じゅう》　地図 ❺

創業100年を超える老舗の〈京寿司〉のお店。メニューは伝統の製法でつくられる評判の鯖寿司のほか、ぐぢ姿寿司、美しい箱寿司、寒い時期限定、焼いたねぎが入った〈大人のいなり〉など。庶民的な価格が嬉しい。おみやげはあらかじめ電話で頼んでおくこともできる。

京都府京都市東山区祇園石段下
電話 075-561-0019
営業 10:30 ～ 19:00（L.O. 18:30）　**定休** 水曜日（祝日の場合は翌日）
アクセス 京阪本線「祇園四条」徒歩10分

釘抜さん

京都には今も民間信仰が根強く残っていて、病気の治療も神さまにお願いします。もちろん現代医学を信じていないわけではなく、それはそれ、これはこれ、と、ちゃんと使い分けているのです。

病全般というところもあれば、部位別、病別に癒してくれる寺社があるのです。

たとえば眼病を患ったとします。もちろん名だたる眼科医を訪ねますが、その一方で、四条通の「南座」近くにある「**仲源寺**《ちゅうげんじ》」というお寺にもお参りします。ここには〈目疾《めやみ》地蔵〉さまが祀られていて、眼の病を癒してくださるからです。

実はしかし、もともとは〈雨《あめ》やみ地蔵〉さまだったのが、〈あ〉を取ってしまい〈眼疾地蔵〉となったのですが、そういうことには目をつぶるのも京都人のつとめです。

あるいは腰痛に悩んでいたとしましょう。京都人が迷わず訪ねるのは「**護王神社**《ごおうじんじゃ》」です。足腰の痛みや悩みに絶大な効果を発揮すると言われています。この神社のお守り、腰痛除けのそれは少しばかりセクシーです。

そして境内神社のあちこちでその姿を見せているイノシシこそが、足腰の守り神とされるゆえんなのです。

この神社に祀られている和気清麻呂《わけのきよまろ》公は、桓武天皇に進言して、平安京を造営しました。つまり和気清麻呂公がおられなければ、今の京都はなかったかもしれないという、京都の大恩人です。それだけではありません。詳しいことは省きますが、天皇家の危機を救った人でもあります。

その清麻呂公にピンチが訪れます。

天皇家の内紛に巻き込まれた清麻呂公は大隅国《おおすみのくに》へと配流《はいる》されますが、その途上、道鏡《どうきょう》が送り込んだ刺客に襲われたのを、数百頭のイノシシが救ったことに由来します。

実はすでに道鏡によって清麻呂公は足の腱を切られていて、歩けないほどの傷を負っていたのです。

足に深い傷を受けていた清麻呂公を救ったイノシシは、足腰のダメージを和らげてくれる、のかもしれません。

歯の痛みに悩まされている人は、「東寺」の境内に建つ「夜《や》叉神堂《しゃかみどう》」へお参りしましょう。弘法大師空海の作と伝わる雌

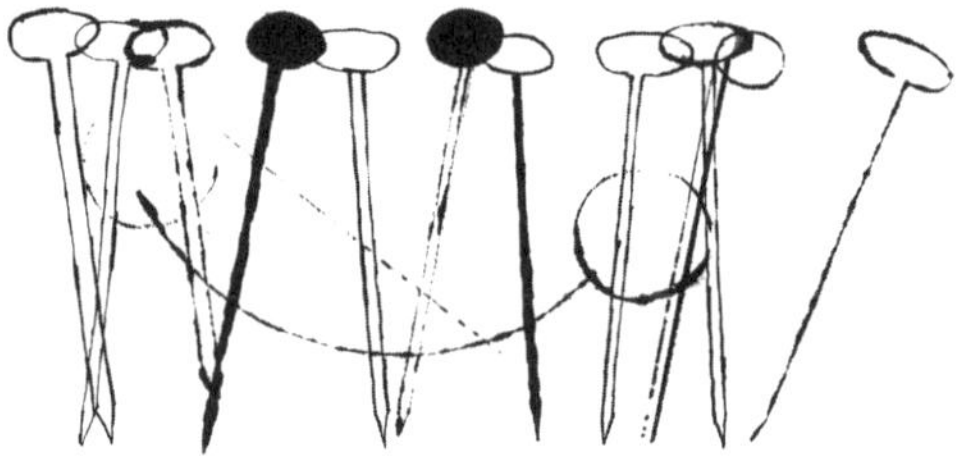

雄二体の夜叉神像は、歯痛から救ってくださるようです。

そして、身体はもちろん、心の苦しみまで取り去ってくださる、ありがたいお地蔵さまが、千本通《せんぼんどおり》にあります。

通称〈**釘抜地蔵**〉さま。お寺の正式名称は「**石像寺**《しゃくぞうじ》」です。

空海が唐の国から持ち帰った石に、地蔵菩薩を彫ったのが起源とされるお寺には不思議な逸話が伝わっています。

室町時代のことです。長く両手の痛みに苦しんでいた商人の、夢枕に立った地蔵さまが、前世の報いとされる恨みの釘を、両手から抜き去ってくれます。痛みが消え去ったことに驚いた商人が、「石像寺」へお参りに行くと、地蔵さまが抜いてくれた、血の付いた釘が二本置かれていたといいます。それ以来〈釘抜地蔵〉と呼ばれるようになり、釘は苦に通じることから、苦から救ってくれる、ありがたい地蔵さまになりました。

癒やされたい人が絶えない
ユニークな三寺社

仲源寺《ちゅうげんじ》　　地図 ❺

人通りの多い四条通に面しており、参拝者が絶えない。「雨やみ地蔵」の由来は大雨のあと鴨川が氾濫して起きる洪水を防いだからとも、八坂神社や知恩院の参拝客が地蔵堂で雨宿りしたからとも。目疾《めやみ》信仰も古く、安土桃山時代の文献に登場する。

京都市東山区祇園町南側585
電話 075-561-1273
拝観 7:00 ～ 19:30 ※参詣者のみ境内立ち入り可　**拝観料** 無料
アクセス 京阪本線「祇園四条」徒歩1分、市バス「京阪四条」徒歩1分

護王神社《ごおうじんじゃ》　　地図 ❹

境内には全国から奉納されたイノシシグッズが展示された、イノシシコレクションや、高さ2メートル、幅3メートルの日本一大きなさざれ石もある。11月1日の亥子祭《いのこさい》では、平安時代の宮中の儀式を再現。優雅な神事が見られ、〈亥子餅〉が売られる。

京都市上京区烏丸通下長者町下ル桜鶴円町385
電話 075-441-5458
参拝 6:00 ～ 21:00　**参拝料** 無料
※社務所受付　9:00 ～ 17:00
アクセス 地下鉄烏丸線「丸太町」徒歩7分、市バス・京都バス「烏丸長者町」すぐ

釘抜地蔵《くぎぬきじぞう》（石像寺《しゃくぞうじ》）　　地図 ❷

地元の人がひっきりなしに訪れるお寺。願いが叶うと奉納する八寸釘と釘抜きの付いた絵馬が、本堂の壁をびっしりと埋め尽くしている。本堂の裏手には、鎌倉時代につくられた石造阿弥陀三尊像《せきぞうあみださんそんぞう》および石造弥勒仏像《せきぞうみろくぶつぞう》があり、重要文化財に指定されている。

京都市上京区千本通上立売上ル花車町503
電話 075-414-2233
拝観 8:00 ～ 16:30　**拝観料** 無料
アクセス 市バス「千本上立売」徒歩2分

京の狛犬

神社やお寺を訪ねると、参道の両側から出迎えてくれる動物の姿をよく見かけます。これらは狛犬《こまいぬ》と呼ばれる聖獣です。犬という名が付いていますが、たいていは獅子のように見えます。

大昔のインドで、仏さまの両側にライオンの像を置き、魔除けとしたのが狛犬のはじまりと伝わっています。神域に邪鬼が入ってこないように見守ることを役目としています。

本来は本殿に向かって、右側に鎮座するのが獅子、左側が狛犬とされているようですが、今は両方とも狛犬と呼ぶのが一般的です。

ただ、よく見ると獅子と狛犬は違います。

口を開けて耳を垂れているのが獅子で、狛犬は口を閉じ、耳を立てています。角を生やした狛犬もいます。

口を開けた形を〈阿形《あぎょう》〉、閉じることを〈吽形《うんぎょう》〉と呼び、〈阿吽《あうん》〉が対をなします。〈阿吽の呼吸〉、という言葉があるように、吐く息と吸う息を表し、宇宙の始まりと終わりを象徴しているのだそうです。

京都の多くの寺社には、さまざまな動物や、変わった形をしている狛犬があって、それらを見て回るのも愉しいものです。いわば、

京都狛犬巡り。

まずは「清《きよ》水《みず》寺《でら》」から見てみましょう。有名な清水の舞台へとたどる仁王門の前に狛犬がいます。左右の二体を見比べてみると、不思議なことに気付きます。どちらの狛犬も大きく口を開いた〈阿形〉なのです。宇宙の始まりはあっても終わりはない、という教えによって両方を〈阿形〉にしたとも、お釈迦さまの教えを大声で世に知らせるため、とも言われています。いずれにせよとても珍しい狛犬です。

「清水寺」の近く、「八《や》坂《さか》神《じん》社《じゃ》」は狛犬の宝庫と呼ばれるほど、たくさんの狛犬がいます。石像、木像、ブロンズ像など素材も違えば、顔の表情もそれぞれ異なります。

「伏見稲荷大社」の狛犬はもちろん狐です。〈阿形〉は吠えているように見え、〈吽形〉は何かをくわえています。これは四種類あるようです。

ひとつは稲穂です。今でこそ商売繁盛の神さまとして崇められていますが、かつては五穀豊穣の神さまだったのですから、稲穂は大事ですね。

ふたつ目は巻物です。巻物は知恵や学問の象徴ですから、学業成就という意味です。三つ目は玉、四つ目は鍵、玉と鍵は一対です。玉が陽で、鍵が陰と言われていて、天と地を表すともされているようです。

そしてこの玉と鍵は花火とも関係があると言われ、〈たまやぁ〉とか〈かぎやぁ〉と声を掛けるのは稲荷信仰からきているのだそうです。そんなことを思い浮かべながら狛犬ならぬ、狛狐を捜してみるのも愉しいですね。

足腰の神さまで知られる「護王神社」の狛犬はイノシシですし、哲学の道沿いに建つ「**大《おお》豊《とよ》神《じん》社《じゃ》**」の「大《だい》国《こく》社《しゃ》」のそれはネズミです。それぞれに謂れがあるので、狛犬から神社の由緒をたどるのもいいでしょう。

少し郊外になりますが、洛北にある「**三《み》宅《やけ》八《はち》幡《まん》宮《ぐう》**」は子どもの守り神として知られ、京都人には馴染みの深い神社ですが、ここの狛犬は可愛い鳩です。八幡さまですから当然と言えば当然ですが。

寺社に参拝する際に狛犬を見てみると、思わぬ発見があります。

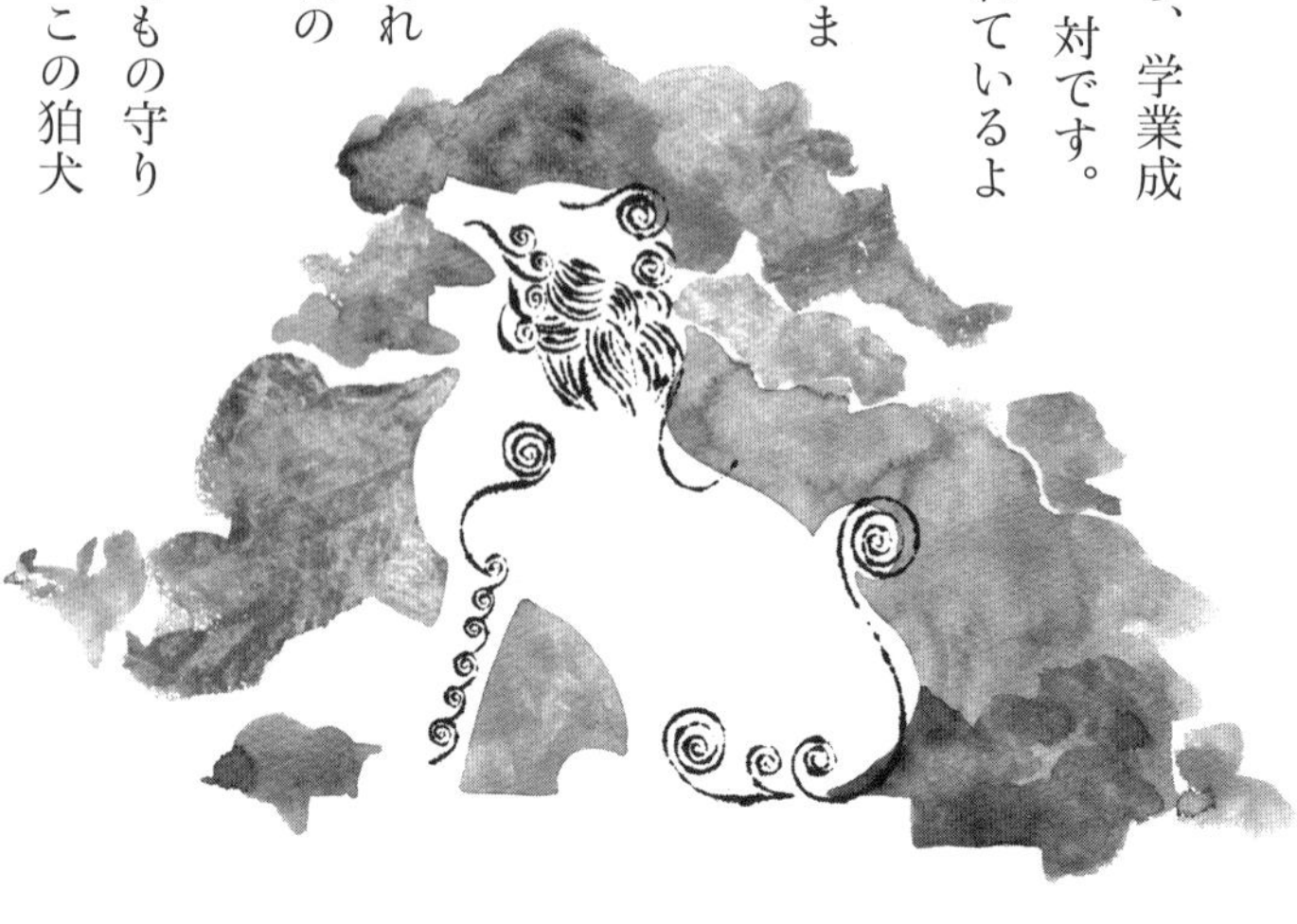

動物好きも、歴史好きも満足

清水寺《きよみずでら》

地図 ❺

有名な清水の舞台、音羽《おとわ》の滝のほか、春の桜、晩秋の紅葉が堪能できる錦雲渓などを擁する世界遺産。

京都市東山区清水1丁目294
電話 075-551-1234
拝観 6:00～18:00　**拝観料** 一部施設（本堂・舞台）400円
アクセス 京阪本線「祇園四条」、阪急京都線「河原町」、市バス「清水道」「五条坂」徒歩10分

八坂神社《やさかじんじゃ》

地図 ❺

京都人には「祇園さん」とも呼ばれ、祇園祭はこの神社の祭礼。四条通の東の突き当たりにある「西楼門《にしろうもん》」の朱色が象徴的。

京都市東山区祇園町北側625
電話 075-561-6155
参拝 自由　**参拝料** 無料
アクセス 京阪本線「祇園四条」徒歩5分、阪急京都線「河原町」徒歩8分

大豊神社《おおとよじんじゃ》

地図 ❽

狛ネズミは大国主命《おおくにぬしのみこと》を火から救ったという神話にちなむ。境内にはほかに狐、猿、とび、へびも。椿のほか、梅、桜や、四季折々の山野草の名所としても知られる。

京都市左京区鹿ケ谷宮ノ前町1
電話 075-771-1351
参拝 境内自由　**参拝料** 無料
アクセス 市バス「宮ノ前町」徒歩5分、「東天王町」徒歩10分

三宅八幡宮《みやけはちまんぐう》

地図 ❶

創建は飛鳥時代と伝えられる。虫退治の神様としても知られ、通称は「虫八幡」。境内には鳩がたくさんいて、売店で〈鳩餅〉が売られている。

京都市左京区上高野三宅町22
電話 075-781-5003
参拝 自由　**参拝料** 無料
アクセス 叡山電鉄鞍馬線「八幡前」徒歩2分、叡山電鉄叡山本線「三宅八幡」徒歩6分
京都バス「八幡前」すぐ、京都バス「三宅八幡」徒歩5分

鍾馗さん

京都の古い街並みを歩いていると、時おり目に入ってくるのが、小屋根の上に置かれた小さな像です。瓦でできていて、長いひげをたくわえ、周りに睨みをきかしています。これを京都では鍾馗《しょうき》さんと呼んでいます。鍾馗さんとはいったい何者なのでしょう。そして何のために置かれているのでしょうか。

楊貴妃という女性がいますね。クレオパトラ、小野小町と共に、世界三大美女のひとりに数えられています。その楊貴妃の危機を救ったのが、実はこの鍾馗さまだったのです。

話は唐の時代に遡ります。時の皇帝、玄宗《げんそう》は重い病に臥せっていました。そして夢に出てきた鬼が、玄宗の玉笛《ぎょくてき》と、妻である楊貴妃の匂袋を盗もうとします。と、そこにひげ面の男が現れて、一瞬のうちに鬼を引きさき、退治してしまいます。玉笛は玄宗の命、匂袋は楊貴妃の貞操を象徴しているとも言われています。

夢から覚めた玄宗の病はすっかり癒え、もちろん楊貴妃も無事でした。

皇帝夫婦の危機を救った鍾馗さまの話は、すぐ国じゅうに知れ渡り、道教の神さまとして、崇められるようになったのです。と、ここまでは中国での話です。その鍾馗さまが、なぜ京都の家の小屋根の上におられるのでしょうか。

話は、京都の二条界隈の薬屋さんが、大きな家を新築して、店を新しくしたことから始まります。当時、大店が新築する際、厄除けと装飾を兼ねて、棟の端っこに鬼瓦を葺くのはよくあることでした。薬屋さんもそれに倣《なら》いますが、その直後のこと。ちょうどその鬼瓦が顔を向ける、真向かいの家の奥さんが急な病に倒れてしまいます。医者が診ても、まったく原因はわかりません。

やがてこの病は、薬屋さんの鬼瓦に跳ね返された悪霊が、奥さんに取り憑いたことによるものとわかりました。そこで鍾馗さんの出番です。何しろ鬼より強いのですから。

鬼瓦の方向に向けて、瓦で葺いた鍾馗さんの像を置いたところ、奥さんの病はたちまちのうちに快癒したといいます。鍾馗さんの力は絶大です。

この噂が街じゅうに広がった結果、鬼瓦の対面に鍾馗さんを

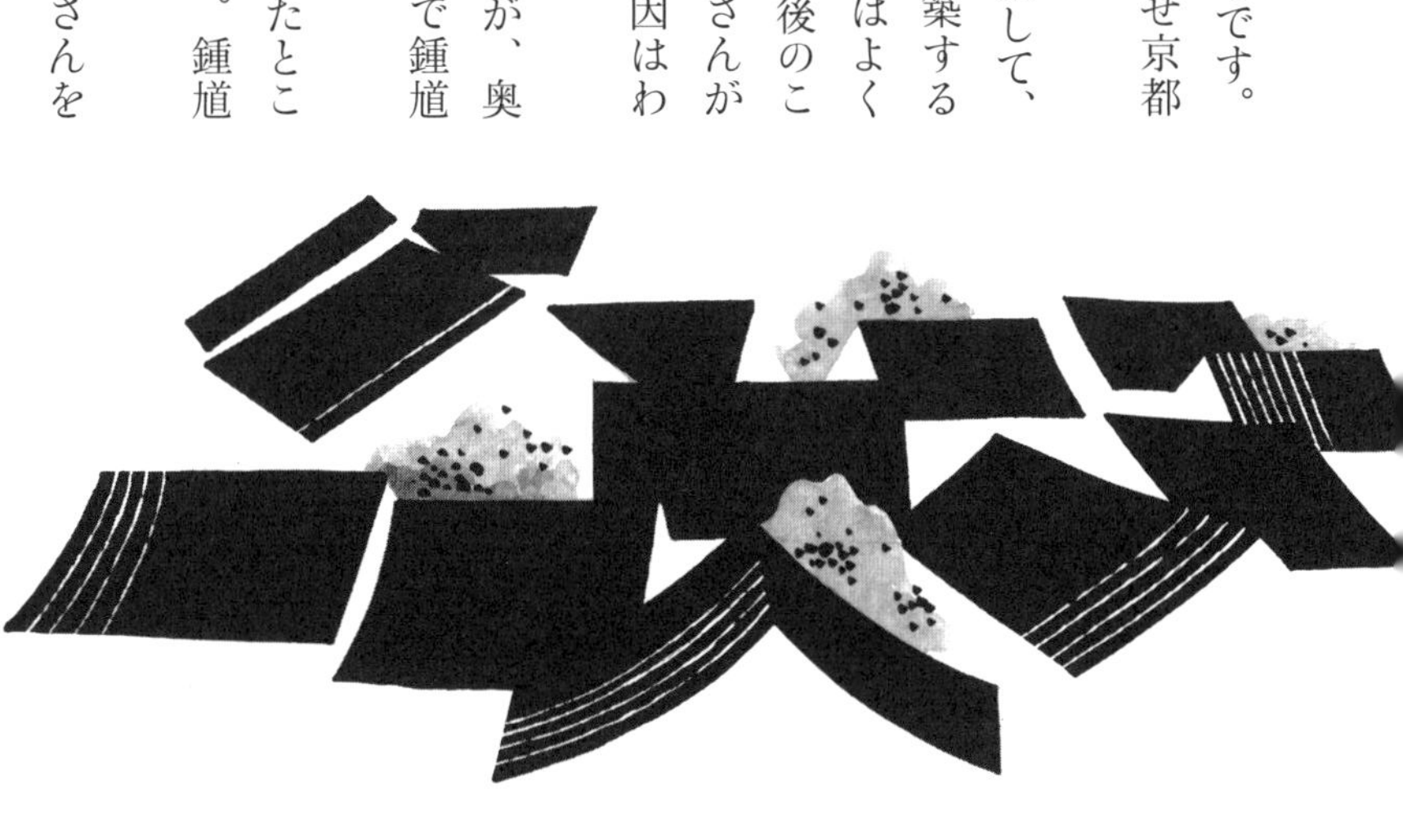

置くようになったのです。街なかで鍾馗さんを見つけたら、その向かい側を見てみましょう。たいてい鬼瓦があるはずです。と言っても、最近になって京都に移り住んできた人たちはそんな由来をご存じないので、単なるエクステリア装飾として置いているだけ、ということもありますが。

古くからの京都人どうしなら、鍾馗さんを置くときのルールを知っています。それは鍾馗さんどうしを、けっして対向させないということです。

向かい合った家の小屋根に鍾馗さんがあれば、睨み合いにならないよう、必ず正面がずれています。

あるいは、お多福さんや恵比寿さんなど、笑顔の瓦を、鍾馗さんと向き合うように置くこともあります。これは〈ほほ笑み返し〉と呼ばれています。こうして京都人どうしは、お互いのことを気遣っているのです。屋根の飾りにもいろいろな物語と意味が隠されているのですね。

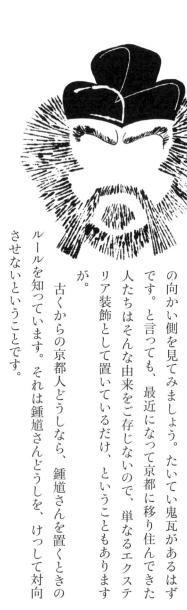

京都の屋根に3000体！

京都に鍾馗さんが多い理由

奈良県や滋賀県の鍾馗さんの多くはお寺の周辺の家に置かれている。お寺の霊力で跳ね返された魔物や鬼などが家のなかに入ってこないよう、鍾馗さんに守ってもらうためだ。
ところが京都では、鍾馗さんはお寺周辺だけでなく、街なかのいたるところで見られる。おそらく京都では鍾馗さんがお正月のしめ飾りと同じように、一般的な魔除けと考えられたためだと考えられる。

鍾馗さんが多い場所

京都でも鍾馗さんが特に多いのは、古い町家が残る地域と、祇園町や上七軒、宮川町などの花街。また、他地域とちがい、京都では小屋根の上に置かれている。
つくられた年代も違えば瓦職人も違うので、鍾馗さんは実にさまざまな姿をしている。睨みつける目、豊かなヒゲ、せり出したお腹は共通項だが、どれもが個性的でユーモラス。そんな鍾馗さんを探して歩くのは愉しいが、くれぐれもそこに住む人のものであることを忘れず、節度をもって見ることが大切。

参考文献『鍾馗さんを探せ!! ――京都の屋根のちいさな守り神』（小沢正樹著／淡交社）
※鍾馗さんを残したい、という愛にあふれた1冊。探し方、見かけることができる場所もよくわかる。
参考サイト「鍾馗博物館」http://www.ne.jp/asahi/yuhi/kite/index.html
※まさに博物館。京都だけでなく、他県のさまざまな鍾馗さんも分類され、掲載されている。

マイ鍾馗さんを手に入れる

浅田《あさだ》製瓦工場《せいかわらこうじょう》*

運営するサイト「京瓦.com」http://www.kyogawara.com/では、鍾馗さんを販売している。屋根に上げる鍾馗さんだけでなく、根付けの〈鍾馗ちゃん〉（1080円）も通販で購入することができる。

電話 0120-00-6546
営業 9:30～18:00　**定休** 土曜・日曜・祝日

丸竹夷二押御池

京都の子どもたちは、古くから伝わるわらべ歌で、さまざまなことを学び、覚えます。

もっともよく知られているのは、京都の東西の通り名を北から順に並べた、道のおぼえ歌でしょう。

――丸《まる》竹《たけ》夷《えびす》二《に》押《おし》御《お》池《いけ》　姉《あね》三《さん》六《ろっ》角《かく》蛸《たこ》錦《にしき》　四《し》綾《あや》仏《ぶっ》高《たか》松《まつ》万《まん》五《ご》条《じょう》　雪《せっ》駄《た》ちゃらちゃら魚の棚　六《ろく》条《じょう》三《さん》哲《てつ》通りすぎ　七条越えれば八、九条十条東《とう》寺《じ》でとどめ刺す――

スペースは息継ぎする箇所。これに独特の節を付けて歌います。言葉を覚え始めたころから、お祖母さんか母親が子守唄として歌って聞かせるので、子どもは自然に覚えます。

丸《まる》太《た》町《まち》通《どおり》からはじまり、竹《たけ》屋《や》町《まち》通《どおり》、夷《えびす》川《がわ》通《どおり》、二条通《どおり》と続き、最後は南の東寺で終わります。これを覚えているから、京都では子どもでも道に迷うことが少ないのです。

南北の通りにも同じようなおぼえ歌がありますが、こちらはさほど一般的ではありません。

なぜかと言えば、京都を歩いていて、少しの隙間さえあれば東山と西山が見えるので、東西的には、自分の位置がなんとなくわかるのです。とは言え、これは京都に長く住んでいるからこそ、なのかもしれませんが。

――寺《てら》御《ご》幸《こう》　麩《ふ》屋《や》富《とみ》柳《やなぎ》　堺《さかい》高《たか》間《あい》の町　東に車　烏丸……――

途中までしか覚えていません。

通り名を覚えるためだけではなく、子守唄に歌われる、京のわらべ歌には、季節の情感を込めたものもあります。

――雪花　散り花　空に虫が湧くわな　扇腰にさして　きりりと舞いましょ――

舞い落ちてくる雪を、花にたとえて、灰色の空から絶えまなく降る雪の不思議さを、空に湧く虫と表しています。なんて素敵な歌でしょう。これを京都の子どもは、小学校に上る前に暗《そらん》じているのです。なんとなく雪のことだと思いながら、その歌の美しさに、はたと気づくのはおとなになってからのことですが。

一度覚えたわらべ歌は生涯忘れることがなく、今で

もふと口ずさむことがあります。たとえばこんな歌。

——大寒む小寒む　猿のでんち借って着よ——

底冷えのする日。暖かい家から外に出て身をすくめ、この歌が口をついて出ればまちがいなく京都人です。でんちというのは、ちゃんちゃんこのことです。猿回しの猿が身に着けている、あれを借りてきて着ようという歌です。これを歌うことで寒さに耐えられるのです。

春の情景を歌いながら、ユーモラスに、花の有り様を歌ったものもあります。

——わたしゃお多福御室《おむろ》の桜　はなが低うても人が好く——

なんとなくおわかりいただけるのではないでしょうか。御室《おむろ》「仁和寺《にんなじ》」の桜の木の丈が低いことを歌ったものです。はな、は花と鼻にかけています。小さな子どもでも「仁和寺」境内の桜は低木だということを知っているのは、こんな歌があるからです。

京都通り名地図

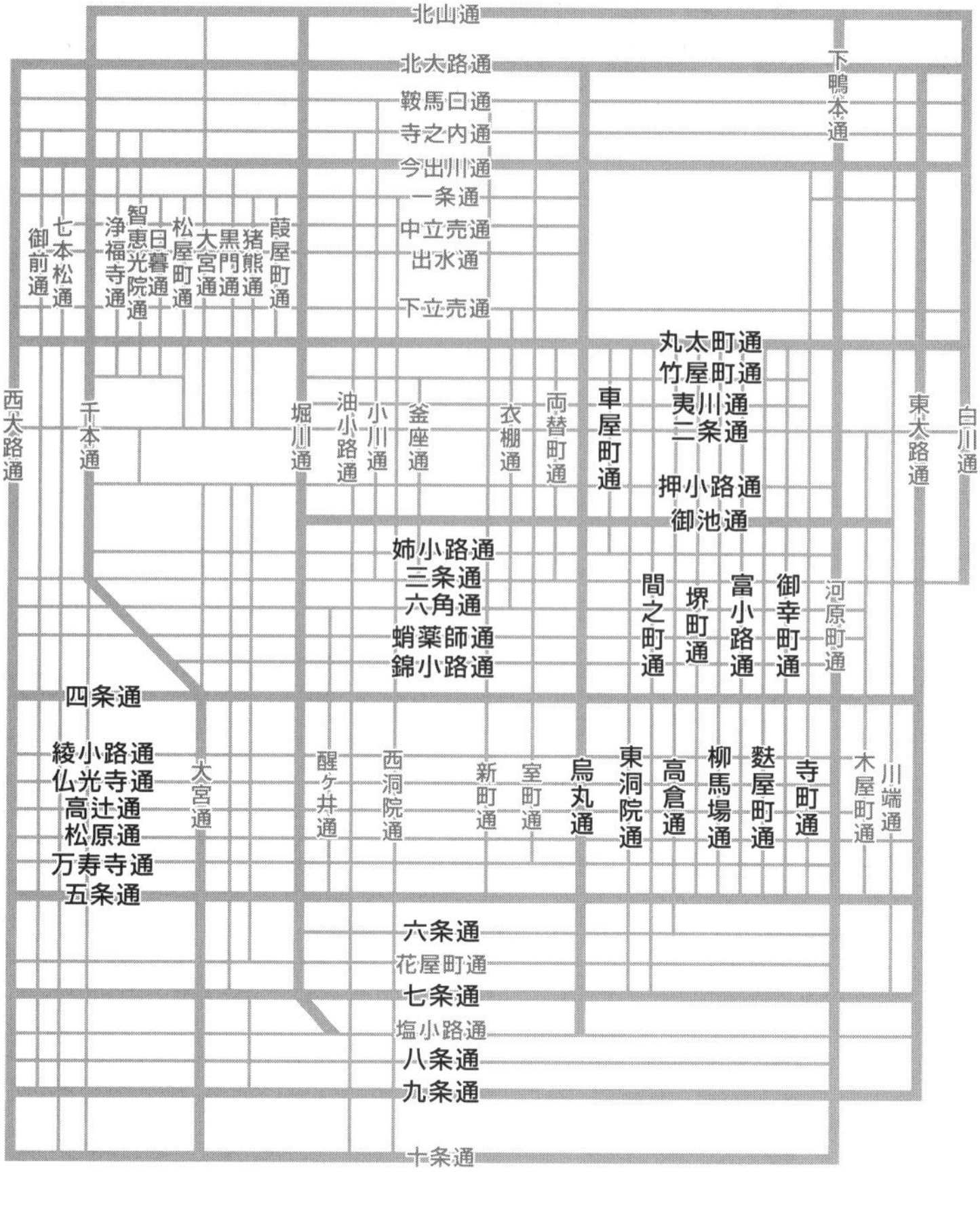

北山通
北大路通
鞍馬口通
寺之内通
今出川通
一条通
中立売通
出水通
下立売通
丸太町通
竹屋町通
夷川通
二条通
押小路通
御池通
姉小路通
三条通
六角通
蛸薬師通
錦小路通
四条通
綾小路通
仏光寺通
高辻通
松原通
万寿寺通
五条通
六条通
花屋町通
七条通
塩小路通
八条通
九条通
十条通
下鴨本通
御前通
七本松通
浄福寺通
智恵光院通
日暮通
松屋町通
大宮通
黒門通
猪熊通
葭屋町通
西大路通
千本通
堀川通
油小路通
小川通
釜座通
衣棚通
両替町通
車屋町通
東大路通
白川通
間之町通
堺町通
富小路通
御幸町通
河原町通
大宮通
醒ケ井通
西洞院通
新町通
室町通
烏丸通
東洞院通
高倉通
柳馬場通
麩屋町通
寺町通
木屋町通
川端通

ろれつ

酔っ払って、言葉があやしくなる人を、昔ほど見かけなくなりました。二十年ほど前までは飲み屋さんに行くと、たいていふたりや三人は、大きな声で言い合っていました。落語によく出てきますね。話している人たちは真剣なのでしょうが、ろれつが回っていないので、周りからは滑稽に見えます。

ろれつが回らない。その、ろれつって何のことでしょうか。考えたこともないかもしれませんが、その言葉は洛北の大原で生まれたのです。

声《しょう》明《みょう》というものがあります。簡単に言えば、お経に節を付けた歌、といったところです。

もともとお経には、節回しがあるので、さほどの違いはないようにも思えますが、声明はじっと聞いているうちに厳かな気分になってきますから、やはり歌に近いものだと思います。西洋でいうなら単旋律、無伴奏のグレゴリオ聖歌のような感じです。

声明は日本民謡や演歌に大きな影響を与えたといいますから、その存在意義はけっして小さくありません。

その声明を中国から持ち帰って、日本の仏教界に広めたのが、慈覚大師円仁《じかくだいしえんにん》というお坊さんで、後の時代になって、聖応大師《しょうおうだいし》良忍《りょうにん》が大原の地に声明道場を開きました。

声明は歌ですから、練習を積まないと上手になれません。来る日も来る日も、お坊さんたちは大原の里で声明を唱えます。

その声明には音階があります。西洋音楽でいう長調を呂《りょ》、短調を律《りつ》といったようです。この呂と律をうまく歌いこなせば、声明の上級者になれますが、下手な人は呂と律を回せません。そこから、言葉があやふやになることを、呂律《ろれつ》が回らない、と言うようになったのです。

大原といえば「三千院《さんぜんいん》」が有名ですね。歌にも歌われたこのお寺は、紅葉のころなど人であふれかえりますが、その「三千院」を挟んで、ふたつの小川が流れていることに気付く人は少ないようです。

このふたつの川には、それぞれ呂川《りょせん》、律川《りつせん》という名前が付いています。名前の由来はもうおわかりですね。比較的静かな流れが呂川で、いくぶん賑やかな川音を立てるのが律川です。た

くさんのお坊さんの声明を聞くうち、川もそんな名前になったのでしょう。

そして、この川の上流にあるのが**〈音《おと》無《なし》の滝《たき》〉**です。京都には数少ない、涼やかな音を立てる滝で、夏でもこの滝の下には、ひんやりとした冷気が漂っています。

さほどの落差はないものの、立派な滝ですから、当然大きな音を立てて水が流れ落ちています。なのに滝の名は〈音無の滝〉。その名には、声明と大きなつながりがあるのです。

声明道場を開いた良忍は弟子を引きつれて、この滝の前で声明の練習をします。きっと里人に迷惑がかからないように、と配慮したからでしょう。何人ものお坊さんが、滝に向かって声明を唱えます。

そして良忍がお手本を示すために、声明を唱えていたときのことです。弟子たちが聞き入っていると、良忍の声明が流れ落ちる音と同調して、滝の音が消えてしまったといいます。それ以来〈音無の滝〉と呼ばれるようになったのです。大原と声明は深い関係にあります。

声明の荘厳な響きが聞こえるお寺

三千院《さんぜんいん》　地図 ❶

1200年前ごろ、最澄が開いたのが始まりで、平安時代後期に皇子・皇族が住職を務める〈宮門跡《みやもんぜき》〉となった。現在の地に移り、「三千院」と号したのは明治4年(1871年)。「三千」は仏教における宇宙観を示す数字である。毎年5月30日に奉修される御懺法講《おせんぼうこう》という法要では声明と雅楽が2時間にわたり宮中法会《きゅうちゅうほうえ》を再現する。

京都市左京区大原来迎院町540　電話 075-744-2531
拝観 3月～10月 9:00～17:30、11月～12月7日 8:30～17:30、
12月8日～2月 9:00～17:00 ※受付は閉門30分前まで
拝観料 700円
アクセス 京都バス「大原」徒歩10分

来迎院《らいこういん》*　地図 ❶

平安時代前期に円仁《えんにん》が天台声明の道場として創建したのが始まりとされている、声明の本山。毎週日曜日の13時から本堂で住職による声明を聴くことができ、また声明の歴史も解説される。

京都市左京区大原来迎院町537
電話 075-744-2161
拝観 9:00～17:00　**拝観料** 400円
アクセス 京都バス「大原」徒歩15分

勝林院《しょうりんいん》*　地図 ❶

天台声明の根本道場として1013年に開かれた。本堂にあるボタンを押せば、厳かな堂内に声明が反響する。法然上人の「大原問答」の舞台としても有名。

京都市左京区大原勝林院町187
電話 075-744-2409
拝観 9:00～17:00(16:30受付終了)
拝観料 300円
アクセス 京都バス「大原」徒歩15分

宝泉院《ほうせんいん》*　地図 ❶

勝林院の塔頭で声明道場のひとつ。声明のCDが流されている。拝観はお抹茶とお菓子付きで、心静かに有名な美しい庭を眺めることができる。

京都市左京区大原勝林院町187
電話 075-744-2409
拝観 9:00～17:00(16:30受付終了)
拝観料 800円(茶菓付き)
アクセス 京都バス「大原」徒歩15分

音無《おとなし》の滝《たき》　地図 ❶

滝の近くでは清涼な空気のなか、マイナスイオンをたっぷり浴びることができる。来迎院から15分ほどの道のりだが、山道なのでヒールのある靴は避けたほうが無難。

京都市左京区大原来迎院町
問い合わせ先 三千院 075-744-2531
アクセス 京都バス「大原」徒歩1キロ

しきたりのツボ

京のしきたり

土地としての京都は好きだけど、京都人にはなかなか馴染むことができず、それゆえ足が遠のいてしまう、という声をよく耳にします。

京都がきらい、というタイトルの本がとてもよく売れました。みんながみんな京都好き、というわけではないのですから、当然の結果なのでしょう。しかしその内容を読んでみると、著者がきらっているのは、京都の街ではなく、京都に住まう人であり、しきたりだったりすることがわかります。

プライドが高い。面倒くさい。潜在的に差別意識がある。そんなところでしょうか。こんな本が売れたということは、著者に共感する方がたくさんいらっしゃった、京都ぎらいが多い、ということでしょうか。

そうとは言い切れないのです。

たくさんの京都本が出版されますが、それらが一番よく売れるのは京都だそうです。京都の本を京都人が買う。少し不思議な気もしますが、京都の人は、京都がどういうふうに書かれているのかを、とても気にする人種なのです。

的を射たことが書かれていれば納得するのは当然ですが、少々的はずれであっても、あるいは、先の本のように否定的に書かれていても、それはそれで受け入れるというか、愉しみながら読むという、不思議な一面を持っています。

つまり京都人は、自分たちの本来の姿をあいまいなままにしているのです。江戸っ子のように頑固一徹にみえて、しかし石川県民のように優柔不断でもあり、大阪人のようなイラチな面もありつつ、ときには田舎育ちのような、のんびり屋にもなります。

白黒をはっきりつけない京都人の性格が、他の地方の方からみると、ひとクセもふたクセもあるように映ってしまい、付き合いづらさへとつながるのでしょう。

そんなわけで、京都人の性格を揶揄するような、もしくは誇張した伝説めいた話が、まことしやかに流布されています。はたしてその真実やいかに。そんな京都人の間に伝わるしきたりや風習をご紹介することで、誤解が解ければいいなと思っています。

そしてこれらのお話は、実は京都に住む人にも向けて書いています。今の若い方々、地方から移って来られた方にも、是非とも知っていただきたい、という思いがあります。

京都は雅な街でありながら、ムラ社会的な部分も多く残されています。日々のご近所付き合いはもちろん、祭りをはじめとする催しごとを行うにあたって、知っておかなければならないルールやマナーがあります。

京都好きが嵩《こう》じて、京都に移り住もうとされる方には、必ずや越えていただかないといけないハードルでもあります。

京の三大祭

京都には三大祭と呼ばれるものがあります。歴史の古い順から、葵祭《あおいまつり》、祇園祭《ぎおんまつり》、時代祭《じだいまつり》です。

三つのうち、時代祭は、明治時代の半ば、遷都千百年を記念して建てられた「平安神宮」のお祭りとして始まったものですから、たかだか百年ほどの歴史しかありません。時代別の装束を着た人たちが都大路を練り歩く、仮装行列のような祭りは、ともすれば京都人からは軽んじられています。

一方で、五穀豊穣、平安無事を願って始められた葵祭や、疫病退散、無病息災を祈願して始まった祇園祭は、年中行事として都人の暮らしにすっかり溶け込んでいます。どちらも千年以上の長きにわたって行われ続けているのですから、当然といえば当然のことなのでしょう。

新しくできた時代祭を盛り立てようとして、無理やり三大祭としたのでしょうが、葵祭、祇園祭の両祭を、京都二大祭としたほうがしっくりくるかもしれませんね。

『源氏物語』にも登場する葵祭が公家をはじめとする貴族のお祭りだとすると、祇園祭は京の町衆の祭りです。山鉾巡行《やまぼこじゅんこう》こそ優雅に見えますが、三基の神輿が練り歩く神幸祭《しんこうさい》や還幸祭《かんこうさい》などでは京都人も、江戸っ子に負けじ劣らじの勇壮ぶりを見せてくれます。

京都のお祭りは、ハイライトだけを観ていたのでは、本来の姿を知ることはできません。たしかに七月十七日の山鉾巡行は見ごたえがありますし、その前夜に行われる宵山《よいやま》も心を浮き立たせるものではありますが、本来の意味からすれば、神幸祭や還幸祭がお祭りの主体なのです。さらには七月一日の吉符入り《きっぷい》という行事から始まって、三十一日に「疫神社《えきじんじゃ》」で行われる夏越祭《なごしさい》まで、順を追って観てこその祇園祭だといえます。

葵祭ももちろん同じです。

五月十五日。平安時代の衣装をまとった人々が、「京都御所」から「下鴨神社《しもがもじんじゃ》」、「上賀茂神社《かみがもじんじゃ》」へと行列する〈路頭《ろとう》の儀《ぎ》〉は優雅そのものですが、それ以前に行われる儀式を観ないと、その意はなかなか汲み取ることができず、時代祭と同じく、ただの仮装行列にしか見えません。

たとえば五月三日に「下鴨神社」の糺《ただす》の森で行われる〈流鏑馬《やぶさめ》神事《しんじ》〉を観れば、葵祭の印象が一変することはまちがいなしです。

全長五百メートルにも及ぶ馬場で、公家や武家の狩装束をまとった射手《いて》が、疾走する馬の上から三つの的を射抜くのです。これは『日本書紀』のころから伝わる馬術のひとつだそうです。

勇猛な行事から一転、その翌日には〈斎王代禊《さいおうだいみそぎ》の儀〉が御《み》手洗《たらし》池《いけ》で行われ、こちらは終始、雅な空気が漂います。

しかし京都のお祭りは三大祭だけではありません。他にも都人を夢中にさせてきたお祭りはたくさんあります。街なかに住む都人が〈お祭り〉といってすぐ頭に浮かぶ「御霊神社《ごりょうじんじゃ》」の祭礼などがその代表でしょう。御所とも密接なつながりを持ち、古くから行われてきたお祭りは、町衆たちによって護られ、伝えられ、毎年行われているのです。

もちろんそれだけではありません。三大祭は、京都の祭りのほんの一部だということを覚えておいてください。

京都のお祭12か月

〈1月〉

3日　かるた始め（八坂神社）

8日〜12日　十日ゑびす大祭（恵美須神社）

14日　法界寺《ほうかいじ》裸踊り（法界寺）

〈2月〉

3日　節分（廬山寺《ろさんじ》、北野天満宮）

初午　初午大祭（伏見稲荷大社）

25日　梅花祭（北野天満宮）

〈3月〉

3日　ひいな祭り（市比賣《いちひめ》神社）

3日　流し雛（下鴨神社）

最終日曜日　はねず踊り（随心院）

〈4月〉

第2日曜　豊太閤花見行列《ほうたいごうはなみぎょうれつ》（醍醐寺）

第2日曜　やすらい祭（今宮神社）

下旬〜5月下旬　大原女《おはらめ》まつり（大原）

〈5月〉

1日〜18日　御霊祭（御霊神社）

5日　加茂競馬《かもくらべうま》（上賀茂神社）

5日　駈馬神事《かけうましんじ》（藤森《ふじのもり》神社）

〈6月〉

1日　貴船祭《きぶねまつり》（貴船《きふね》神社）

10日　田植祭（伏見稲荷大社）

15日　紫陽花祭《あじさいまつり》（藤森《ふじのもり》神社）

〈7月〉

7日　貴船の水まつり（貴船神社）

28日　火渡り祭（狸谷山《たぬきだにさん》不動院）

31日　千日詣《まい》り（愛宕《あたご》神社）

〈8月〉

前半　京の七夕（堀川、鴨川周辺）

15日　花脊松上《はなせまつあ》げ（花脊）

16日　五山送《ござんのおく》り火《び》（京都市内）

〈9月〉

9日　烏相撲（上賀茂神社）

15日　義経祭《よしつねさい》（鞍馬寺）

第四月曜　櫛まつり（安井金比羅宮《やすいこんぴらぐう》）

〈10月〉

1日〜5日　ずいき祭《まつり》（北野天満宮）

14日　人形供養祭《さい》（宝鏡寺《ほうきょうじ》）

22日　鞍馬の火祭り（由岐神社）

〈11月〉

1日　亥子祭《いのこさい》（護王神社）

3日　曲水の宴（城南宮《じょうなんぐう》）

第二日曜　嵐山もみじ祭（渡月橋付近）

〈12月〉

8日　針供養（法輪寺）

14日　山科《やましな》義士まつり（山科一帯）

21日　終い弘法（東寺）

※ここに挙げたのは一部です。

祇園さん

京言葉というものは本当にやっかいです。京都に生まれ、とうに暦がひと回りした僕が言うのだからまちがいありません。

何が難しいかといって、同じ言葉であっても、そのときの状況によって、意味合いが異なることです。

たとえばこんなことがあります。春うららのお昼前。道端で出会った京都人どうしの会話。

「どこへお行きやすのん?」

「へえ、ちょっと〈祇園さん〉のほうまで」

「よろしいなぁ。たんと美味しいもん召し上がっとぅくれやす」

「おおきに」

ここでの〈祇園さん〉は地名を指します。服装などから察して、食事に行くところだとわかったのでしょう。ちゃんと会話が成り立っています。

同じふたりですが、梅雨明け間近の夕暮れどきだとしましょう。

「どちらへ?」

「へえ、〈祇園さん〉へ」

「よろしいなぁ。せいだい愉しんできとぉくれやすな」

「おおきに」

どうでしょう。違いがおわかりになりますか。

このケースでは〈祇園さん〉は祇園祭を指しています。ポイントは時期です。七月半ば、きっと宵山の前後なのでしょう。

さらにはこんなこともあります。大晦日です。すっかり夜も更けています。

「寒おすなぁ。どちらへ」

「へえ。ちょっと〈祇園さん〉へ」

「お参りどすか。どうぞよいお年を」

「おおきに」

今度は、「八坂神社」へおけら参りに行くのでしょう。

人によっては〈祇園さん〉ではなく〈八坂さん〉ということもあります。

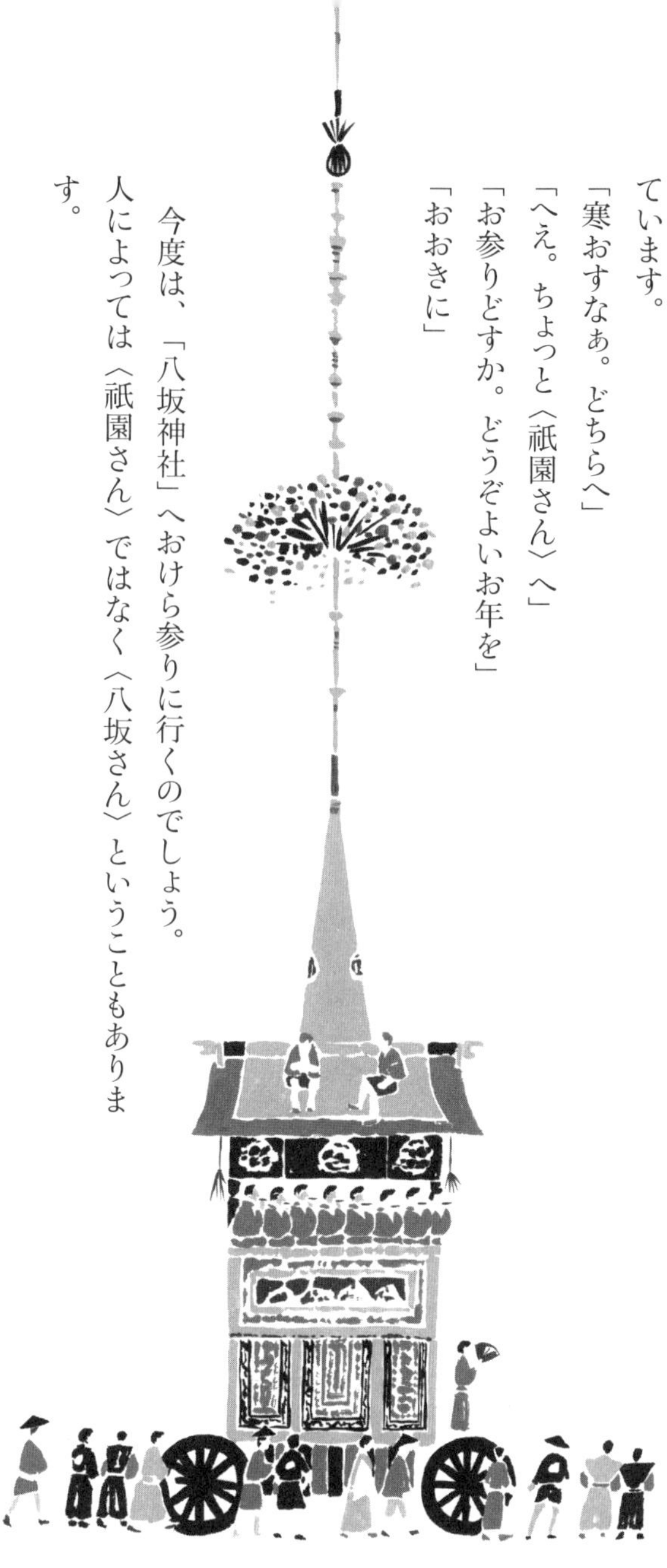

〈天神さん〉でも同じような使い分けをします。

年末年始、一月中ごろまでの〈天神さん〉といえば、合格祈願と考えてまちがいないでしょう。毎月二十五日なら、おそらく天神市でしょう。春先なら梅見だと思います。

細かなことを言わないのも京言葉の特徴だと思います。言わずもがな、というのでしょうか。それでわかり合える相手とは付き合いを続けますが、意味が通じない相手とは少しずつ疎遠になっていきます。

互いに相手のこと、立場、暮らしぶりをわかっていて、それを慮ることができれば、おのずと意は通じるのです。つまり京言葉というのは、相手に対する思いやりありきなのですね。

京言葉は冷たいともよく言われます。それはきっと、こんなところにも原因があるのでしょう。見知らぬ人だと入り込めない。排他的だと言われれば否定はしません。でも、だからこそ互いの懐に入ってしまえば、これほど心地いいことはないのです。

京都とどう付き合うか。京言葉はそのヒントを与えてくれています。

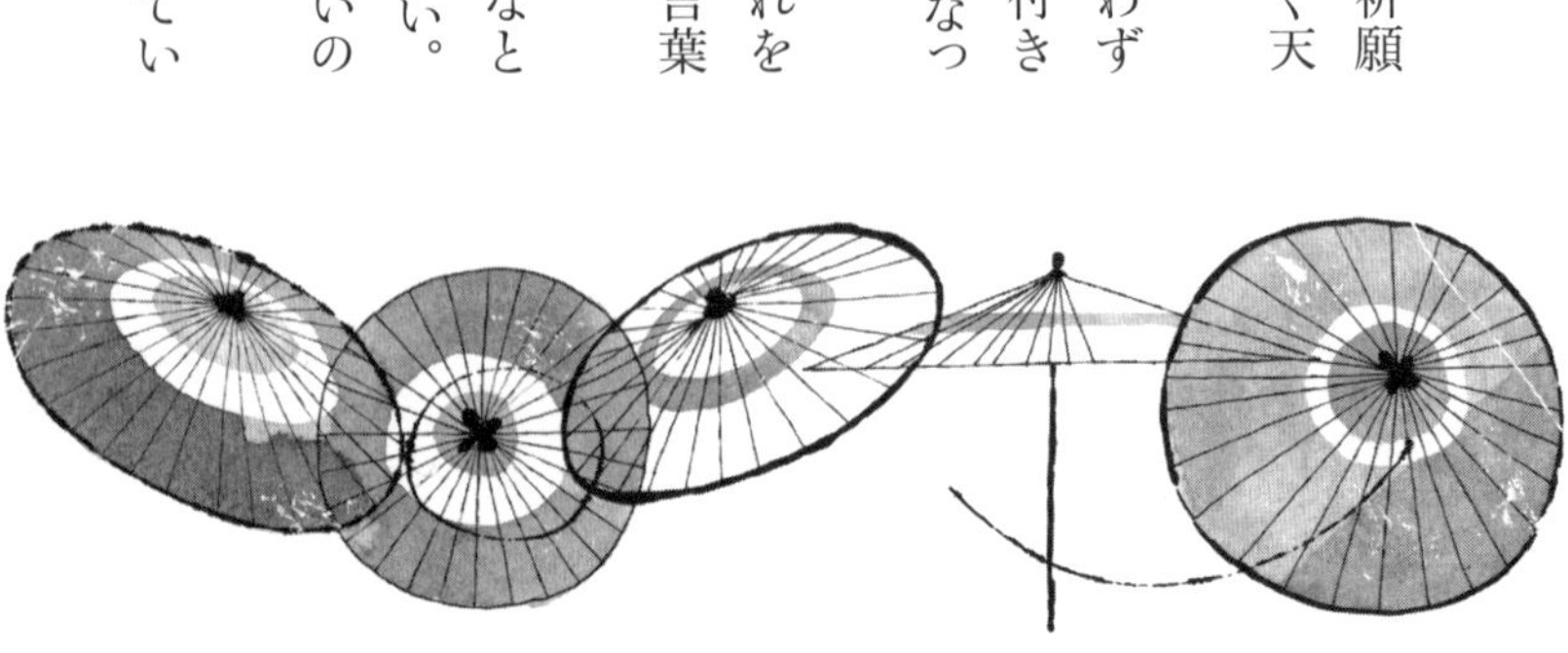

祇園祭の歴史

祇園祭は、869年に疫病が流行したさい、当時の国の数66か国にちなんで66本の鉾《ほこ》を立て、祇園神に災厄の除去を祈った「祇園御霊会《ごりょうえ》」に始まる、八坂神社のお祭り。その後、室町時代に町衆（商工業者）の自治組織である両側町《りょうがわちょう》が成立すると、町ごとに風情をこらした山鉾をつくって巡行させるようになった。

前祭《さきまつり》、後祭《あとまつり》の復活

6月初めごろから京都の人々は祇園祭を話題にし、7月1日の吉符《きっぷ》入りからは、街は祭一色となる。1966年以来、それまで別々に行われていた前祭《さきまつり》と後祭《あとまつり》を統合していたが、2014年に元の形に戻した。これで伝統が正しく継承される、と京都人は歓迎している。ちなみに「後の祭り」という言葉はこの後祭が語源だとする説もある。

花名刺と京丸うちわで舞妓さん気分

幾岡屋《いくおかや》* 　地図 ❺

かんざし、扇など舞妓さんの小間物すべてを扱うお店。創業1862年。一般の人も使えるかわいいデザインのものが揃っている。舞妓さんが使う〈花名刺〉は、手刷りのものもあり、制作期間に3か月～半年ほど要するが、趣がすばらしい。自分の名前を入れてもらうことも可能。

京都市東山区祇園町南側577-2
電話 075-561-8087　**営業** 11:30～19:00　**定休** 木曜日（不定休あり）
アクセス 市バス「祇園」徒歩3分、京阪本線「祇園四条」徒歩2分、阪急京都線「河原町」徒歩5分

小丸屋住井《こまるやすみい》* 　地図 ❺

1000年以上の歴史があるという、うちわや扇の老舗。夏の挨拶として芸妓さんや舞妓さんが得意先に配る〈京丸うちわ〉（小丸屋 商標登録商品）にも1枚から名入れができ、オリジナルをつくることができる。

京都市左京区岡崎円勝寺町91-54
電話 075-771-2229　**営業** 10:00～18:00　不定休
アクセス 地下鉄東西線「東山」徒歩8分、京阪本線「三条」徒歩15分

一見さんおことわり

一見《いちげん》さんおことわり。京都という街を語るときに、必ず付いてまわる言葉ですね。

京都のお店はすべて、一見さんおことわり、みたいに思っている人も少なくないようです。

当然ですが、そんなことは絶対にありません。昔からのお茶屋さんならともかくも、ふつうの飲食店で一見客を断ることは、まずないことです。メディアがつくり上げた虚像だといってもいいでしょう。

テレビ番組のレポーターが、祇園の路地裏の割烹で、玄関先に立って言います。

「敷居の高そうな店ですね。きっと一見さんおことわりなのでしょう」

いかにもなセリフですが、ふたつまちがっています。

ひとつは〈敷居が高い〉という言葉。この言葉は初めて訪れる店に使うものではありません。

たとえば、長く不義理をしている親戚の家を訪れるとき、臆することがありますね。そんなときに〈敷居が高い〉というのです。

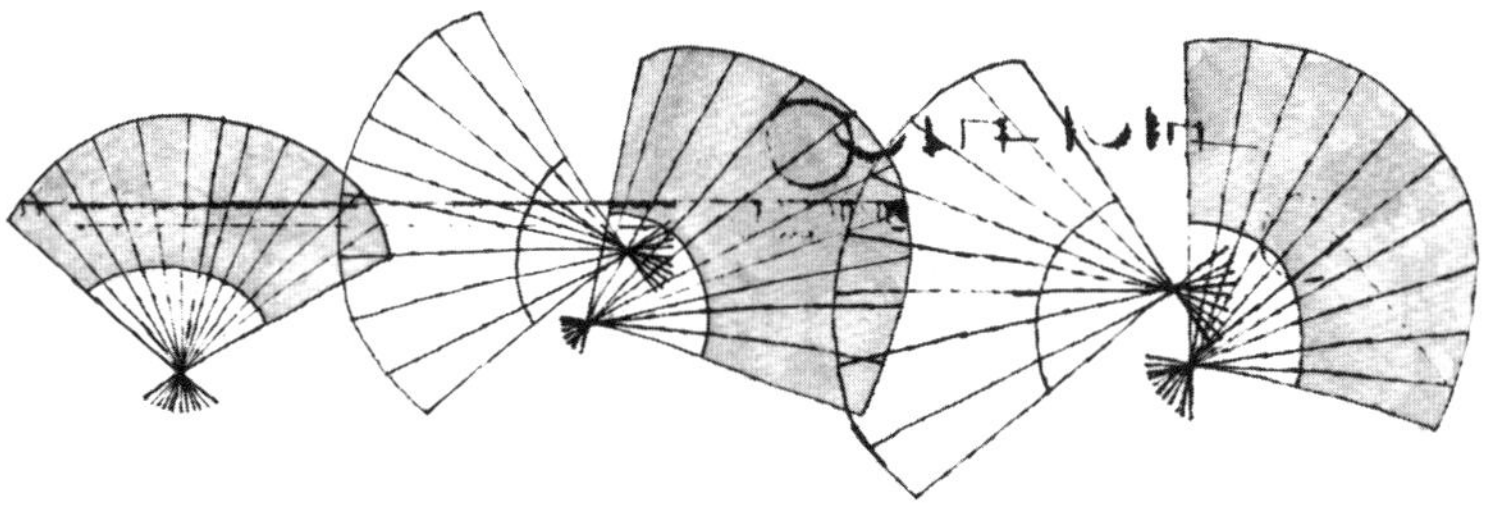

つまり、この言葉にある〈敷居〉は見知った家のそれであって、初めての家のものではないのです。おそらくは、格式が高い、という言葉と混同してしまったのでしょうね。

そして一見さんおことわり。老舗旅館であれ、どんなに長い歴史を重ねてきた料亭であれ、今の時代に、有無を言わさず一見客を断ることなどあり得ません。

ただ、予約なしの飛び込み客は断られる可能性大です。

それでは何故、お茶屋さんは今も一見さんおことわりなのでしょう。

それはお茶屋さん遊びに一定のルールがあるからです。

お茶屋さん遊び。京都を訪れる人々には憧れの的ですね。芸妓さんや舞妓さんをお座敷に呼んで、お酒を飲んだり食事をしたり、愉しい時間を過ごす。いったいいくら掛かるでしょうか。

お茶屋さんは料理屋ではありませんから、料理は仕出し屋さんに頼みます。まずはこの料理代。それから芸妓や舞妓さんをお座敷に呼ぶのに掛かる花代。これにお酒代、お茶屋さんから帰るときのタクシー代、おみやげ代。これらすべて、客はその場で支払

うことはありません。すべてお茶屋さんが立て替えることになっています。

その場で支払うとなると、金額が明らかになり、招いた側も招かれた側にも都合がよくありません。さらには割り勘だなどということにでもなれば、無粋極まりないことになります。だから、その場でお金のやり取りをせず、後日招いた側に請求書が送られる仕組みになっているのです。

お金のやり取りだけでなく、その場ではいちいち金額の確認もしませんし、ましてや伝票などはありません。

客とお茶屋さん、互いによほどの信頼関係がないと成り立たないのがお茶屋遊びです。一見さんでは無理だということがおわかりいただけましたか。けっしてイジワルだとか、イケズだから一見さんをことわっているのではないのです。

花街御用達の仕出し弁当で
お茶屋遊びの雰囲気を

お茶屋さんのお座敷で出されるのは、多くが仕出し屋さんのお料理。京都でお茶屋遊びをするのは難しくとも、お座敷と同じ仕出し屋さんのお弁当は味わうことができる。期日までに予約して、取りに行くシステム。数がまとまれば配達してくれる。細部まで行き届いたお弁当は多少値が張るが、それだけの価値はある。

辻留《つじとめ》* 　地図 ❺

茶懐石の名門。裏千家の懐石料理を預かる。京都店には客席がなく、出張料理のみ。明治35年(1902年)創業。
お弁当は鯖寿司など何種類ものお料理が彩りよく木箱に詰められたもの。茶心に満ち、しかも華やかで、食べ終えると豊かな気持ちになる。

京都本店:京都市東山区三条通大橋東入三町目16
電話 075-771-1718
営業 予約受付 9:00 ~ 18:00　不定休
アクセス 地下鉄東西線「三条京阪」徒歩2分、「東山」徒歩4分、京阪本線「三条」徒歩4分

菱岩《ひしいわ》* 　地図 ❺

創業1829年の仕出し専門店。すべてが完璧と評判のお弁当には、名物だし巻き玉子のほか、吟味された素材でつくられた料理が詰められている。ご飯もすばらしい。本店では料理人の人々が忙しく働きながらも丁寧に、気持ちの良い対応でお弁当を渡してくれる。忙しい時期には応じてもらえないこともあるので、早めの問い合わせが肝要。

京都市東山区新門前大和大路東入西之町213
電話 075-561-0413
営業 11:30 ~ 20:30　**定休** 日曜日・最終月曜日
アクセス 京阪本線「三条」徒歩7分、「祇園四条」徒歩7分

ジェイアール京都伊勢丹 地下2階 老舗・名店弁当* 　地図 ❼

上記二店のお弁当も扱っているが、品揃え、予約のことなどは事前に確認を。旅のお供にと利用する人も多い。

京都市下京区烏丸通塩小路下ル東塩小路町
電話 075-342-5630(老舗・名店弁当直通)
営業 10:00 ~ 20:00　不定休
アクセス JR京都線、近鉄京都線、地下鉄烏丸線「京都」直結

大丸さんの紙袋

デパートの名前に〈さん〉をつけるのは「大丸《だいまる》」くらいでしょう。基本的にお店の名前は〈はん〉付けで呼ぶのが、多くの京都人ですが、なぜか「大丸」だけは〈さん〉付けです。

市内では他にもデパートは何軒かありましたが、四条通に建つ「大丸」と「髙島屋《たかしまや》」は、長く京都の人気を二分していました。両雄並び立つ、といったふうでした。どちらか一方だけという熱烈なファンもいましたが、たいていは両方をハシゴしていました。

二軒の間は五百メートルほどの距離ですから、ゆっくり歩いても十分とかかりません。

荷物持ちという役割で祖母のお供をして、「大丸」で買い物をし、「髙島屋」へと移動するときのことです。

祖母は一軒の喫茶店に入っていきます。慌てて僕も付いてゆきました。買い物の途中に一服することなど滅多にありません。よほど喉でも渇いていたのだろうと思っていました。

注文をすませた祖母は、やおら大きなハンドバッグから折り畳み式の布袋を取り出しました。そして「大丸」の紙袋に入っていた商品を次々と布袋に移してゆきます。

いったい何のために、こんな面倒なことをするのだろう。不思議に思った僕に、祖母が言ったひと言は今でもはっきり覚えています。

「大丸さんの紙袋さげて、高島屋はんへ入れるかいな」

今ひとつ言葉の意味をはかりかねている僕に、祖母は言葉を足しました。

「うちかてそやろ。他の歯医者はんへ行って、その足でうちへ来はったんがわかったらイヤやがな」

なるほど、そういうことか。それなら小学生でもわかる。納得した僕は、祖母の手伝いをし、「大丸」さんの紙袋を畳んで、大きなハンドバッグに仕舞いました。

今の時代は、大きなデパートの店員さんなら、そんなことをいちいち気になさらないと思いますが、個人商店

の場合だとやはり、あまり気持ちのいいものではないでしょう。

互いに気持ちよく接したいという考えが、こうした行いに繋がったのだと思います。相手を慮るだけでなく、自分の印象をよくし、ひいては好待遇を受けようという思惑も、なきにしもあらずでしょう。

恋愛関係でいえば、ふたまたを掛けていることがわかる相手より、自分のほうだけを向いてくれる相手をたいせつにしますよね。それと同じようなことだと思います。

長く都として栄えてきた京都には大勢の人が暮らしてきました。そして京都は狭い街です。人と人の距離が近いのです。だからこそ、どうやって心地いい関係を築くか、たえず腐心してきたのです。

たかがデパートの紙袋ひとつですが、その扱いにも京都人ならではの心根が表れる。奥深い街だなぁと子ども心にも思ったものでした。

デパ地下イートインで味わえる名店の1皿

格式高い店に入るのは気おくれがするもの。ところが同じ味がデパ地下のイートインで愉しめるとなると話は別ではないだろうか。デパ地下ならおみやげもみつくろえるので、時間がないときにもありがたい。

京都髙島屋《きょうとたかしまや》　地図 ❺

髙島屋の地下惣菜売場には、週替わりで京都の老舗料亭の料理を気軽に味わえる〈きょうの味どころ〉という人気イートンコーナーがある。毎週木曜日（一部変更あり）には出店料亭の主人・若主人・板前による料理講習会を開催。またお惣菜などが販売されることもある。
スケジュールや講習会の申し込みなどに関しては、オフィシャルホームページの「京都タカシマヤデパ地下ニュース」で確認を。

京都市下京区四条通河原町西入真町52
電話 075-221-8811 ※地階惣菜売場〈きょうの味どころ〉は内線2768
営業 10:00 ～ 20:00〈きょうの味どころ〉11:00 ～ 15:00（L.O. 13:30）
不定休
アクセス 阪急京都線「河原町」地下にて直結
京阪本線「祇園四条」徒歩5分

大丸京都店《だいまるきょうとてん》　地図 ❻

地下1階で「三嶋亭」の精肉を売っており、イートインコーナーはその横。すき焼きやステーキなど、本店の味がリーズナブルな価格で気軽に愉しめる。テイクアウト用のお弁当やコロッケなども扱う。
鯖寿司で有名な「いづう」も、お寿司の売り場の横で〈鯖姿寿司〉などを食べることができる。なおここで販売されている〈京いなり〉は「大丸京都店」限定のもので、本店で購入することはできない。

京都市下京区四条通高倉西入立売西町79
電話 075-211-8111
営業 10:00 ～ 20:00　無休（元旦を除く）
アクセス 阪急京都線「烏丸」徒歩1分（地下道直結）
地下鉄烏丸線「四条」徒歩2分（地下道直結）

お菓子屋さん お饅屋はん

言うまでもなく、京都は和菓子王国です。最近では和菓子のことを〈和スイーツ〉なんて呼ぶ人が多くなりましたが、和菓子とスイーツはまったくの別ものです。そのことは後でお話しします。

和菓子を売る店を、その内容、用途に応じて幾つかに分類するのが京都人の習わし。まずこれを頭に入れておいてください。

ひとつは〈上《じょう》菓《が》子《し》屋《や》〉さんです。基本的には季節の和菓子、それもお茶席で使われるような、上生菓子専門のお店だと思ってください。そして本来の〈上菓子屋〉さんの店頭には、お菓子が並んでいたりはしません。すべてがオーダーメイドですから、店で注文をして、でき上がったら取りに行くというシステムです。小さな店にはショーケースもなく、店主がぽつんと座っているだけです。座って売るので、こういう店を〈座《ざ》売《う》り〉といいます。

今もこのシステムだけで商いを続けている店は、ほとんどありません。烏丸御池にほど近い「**亀《かめ》屋《や》則《のり》克《かつ》**」は、そんな数少ない座売りの店です。オーダーシステムだけでなく、サンプルが置いてあり、そこから選んでその場で買うこともできるので、旅行者でも気軽に立ち寄れる貴重なお店です。

注文製の〈上生菓子〉も商いつつ、つくり置きや、他の商品も置くのが、京都の人が言う〈お菓子屋さん〉。今は大半がこの範疇に入るでしょう。僕のお気に入りは、北大路新町近くの「**紫《むらさき》野《の》源《げん》水《すい》**」。小さなお店ですが、表《おもて》裏《うら》、両千家にも近く、お家元の信頼も厚いお菓子屋さんです。

そしてもうひとつ、和菓子を商うお店に〈お饅《まん》屋《や》はん〉があります。これはいたって気楽なお菓子屋さんで、お茶席ではなく、一般庶民のおやつとしてのお菓子を商う店です。

出町の桝形商店街近くにある「**出《で》町《まち》ふたば**」がよく知られていますね。名物の豆餅求めて、いつも長い行列ができています。こうした〈お饅屋はん〉では、春には桜餅、柏餅、お彼岸にはおはぎやぼた餅など、庶民の歳時に合わせたお菓子を売り出します。

ハレの日には〈お菓子屋さん〉、普段遣いは〈お饅屋はん〉と使い分け、どちらも京都人には欠かせないお店です。

手土産にする場合も、両者の使い分けは大事です。気の

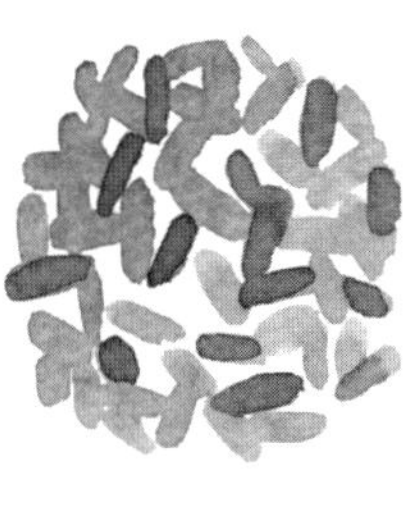
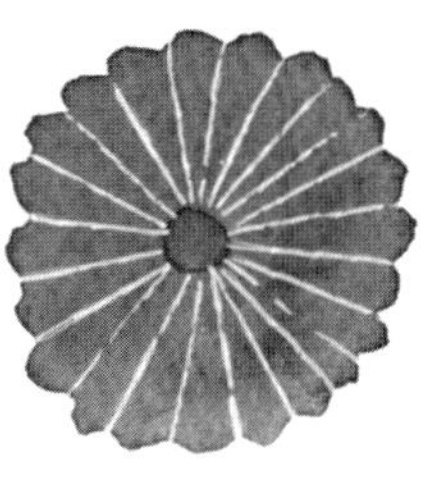

置けない仲間うちや、親しい相手なら〈お饅屋はん〉のお菓子を簡単に包んでもらって、それを手土産にしてもいいのですが、改まった席やお遣いものにする場合は〈お菓子屋さん〉で箱詰めしてもらい、のし紙を掛けるのが無難です。これを取り違えると、物知らずという烙印を押されてしまいます。

そういう違いはありますが、商うお菓子については同じ意味合いを持っています。

それは季節の表現です。桜のころには桜餅、青葉が出るころには柏餅、梅雨に入れば水無月。和菓子は歳時記の役目を果たす、季節の風物詩です。それは茶席で出される主《おも》菓子《がし》という名の生菓子も同じです。

主菓子には菓銘《かめい》が付き、具象ではなく抽象的に季節を表します。主に練りきりと、きんとんというスタイルで、色合いや形で季節の細かな移ろいまでをイメージしてつくられたお菓子です。ただ〈甘い〉だけを意味するスイーツと呼んではいけないわけは、ここにあるのです。

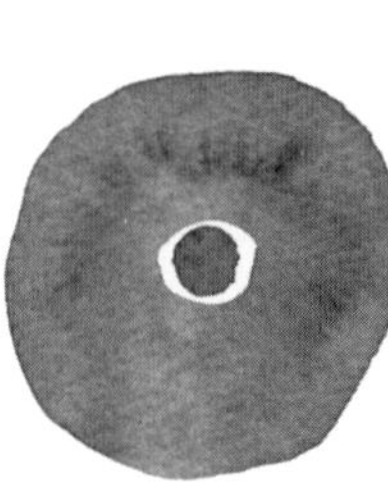

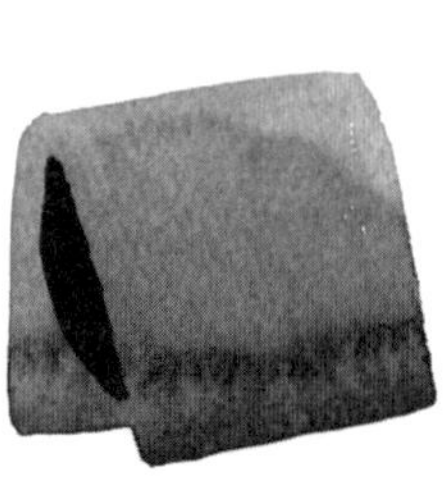

季節をお菓子に

亀屋則克《かめやのりかつ》　地図 ❻

蛤《はまぐり》の貝を開けると、美しい琥珀《こはく》色の寒天が現れる夏のお菓子、〈浜土産《はまづと》〉が名物。季節の生菓子、干菓子なども確実に手に入れるためには予約しておくのが望ましい。

京都市中京区堺町通三条上ル
電話 075-221-3969
営業 9:00 ～ 17:00　**定休** 日曜・祝日・第3水曜
アクセス 地下鉄烏丸線・東西線「烏丸御池」徒歩7分、阪急京都線「烏丸」徒歩10分

紫野源水《むらさきのげんすい》　地図 ❹

たとえばさくらの季節なら、〈うらざくら〉や〈ひとひら〉という菓銘の生菓子があり、洗練された微妙なグラデーションやはかなげな形など、表現も見事。甘さは控えめで、素材の良さが感じられる繊細な味わい。最中や羊羹、煎餅もある。

京都市北区小山西大野町78-1
電話 075-451-8857　**営業** 9:30 ～ 18:30
定休 日曜、祝日　**アクセス** 地下鉄烏丸線「北大路」徒歩5分

末富《すえとみ》*　地図 ❻

創業1893年。季節の生菓子のほか、有名な〈野菜煎餅〉や、引き出物も扱う。いずれも上品なパステルカラーが印象的。生菓子や引き出物はオーダーメイドにも応じてくれる。青地に牡丹やもみじを描いた包装紙も美しい。

本店：京都市下京区 松原通室町東入
電話 075-351-0808　**営業** 9:00 ～ 17:00　**定休** 日曜・祝日
アクセス 地下鉄烏丸線「五条」徒歩6分

ふだんのお菓子に驚く

出町《でまち》ふたば　地図 ❹

創業は1899年。有名な〈豆餅〉は、塩味と甘さ、餅の食感が絶妙。おはぎ、だんご、赤飯なども厳選した素材で丁寧につくられていて、ふだんのお菓子がこうも違うものかと驚く。てきぱきとした応対で、行列の長さに比して待ち時間は短く感じられる。

京都市上京区河原町通今出川上ル青龍町236
電話 075-231-1658　**営業** 8:30 ～ 17:30　**定休** 火曜・第4水曜 (祝日の場合は翌日)
アクセス 京阪本線「出町柳」徒歩3分、市バス・京都バス「河原町今出川」徒歩2分

おもたせとおみや

悪貨は良貨を駆逐する、そんな言葉があります。それに倣うなら、悪習は良習を駆逐する、とでもなるのでしょうか。慣習として使われている言葉が、誰かのまちがいによって意味が変わってしまい、それがどんどん蔓延していくことはよくあることです。

典型的なのが〈おもたせ〉という言葉です。

雑誌の京都特集などでよく、お奨めの〈おもたせ〉というようなコーナーを見かけます。どうやら小洒落《こじゃれ》たおみやげのことを〈おもたせ〉と呼んでいるようですが、これは明らかなまちがいです。京都人は手みやげのことを〈おもたせ〉と呼んでいる、などと付け加えている雑誌もあったりして、がっかりします。勘違いもはなはだしいところです。

〈おもたせ〉というのは、手みやげを受け取った側が、持参した人を敬う気持ちを込めて使う言葉です。そしてそれを使う場面というのは、かなり限られてきます。

京都の家に何人かが招かれたとしましょう。招かれた客はそれぞれ何かしらの手みやげを持参します。たいていはお茶菓子ですね。そしてお茶の時間になりました。その家の主が、誰かが持参したお菓子を披露します。

「〈おもたせ〉やけど、みなさんでいただきましょか」

〈おもたせ〉という言葉は、こんなふうに使います。もらった側が使うわけで、持参する側が使うのは誤りです。自分に敬語を使うようなものですから。

ましてやそれを売るお店側が〈おもたせ〉などというのは、もってのほかなのですが、京都を代表する、星付きの有名料亭までもが、平気でまちがっているのですから、なんとも情けないことです。このお店のホームページを見ると〈おもたせ〉カタログなんていう、摩訶不思議なコーナーがあります。

世界無形文化遺産として和食が登録され、盛んにそれを喧伝している料亭が、自ら文化を壊してもらっては困るのですが。

〈おもたせ〉ではなく〈おみや〉なら、雅な空気も感じられて、適切な言葉ですね。

〈おみや〉は、古くは室町時代ころから使われていた女

房言葉です。京都に限った言葉ではありませんが、京都の手土産を言い表すのにふさわしい言葉だろうと思います。

些末なことに思われるかもしれませんが、文化というものは、こんな小さなことからほころびてゆくものなのです。言葉をたいせつにできない店が真っ当な日本料理をつくれるはずがありません。

雑誌やテレビも同じです。〈おもたせ〉という言葉を、京都の洒落た手みやげというような意味で使っているようなら、信用できません。推して知るべし、という言葉どおり、そこだけでなくすべてを疑ってかかったほうがいいでしょう。

京都のことに関しては、星付きの有名料亭だから、テレビの番組だから、売れている雑誌だから、といってすべてを信用してはいけないのです。

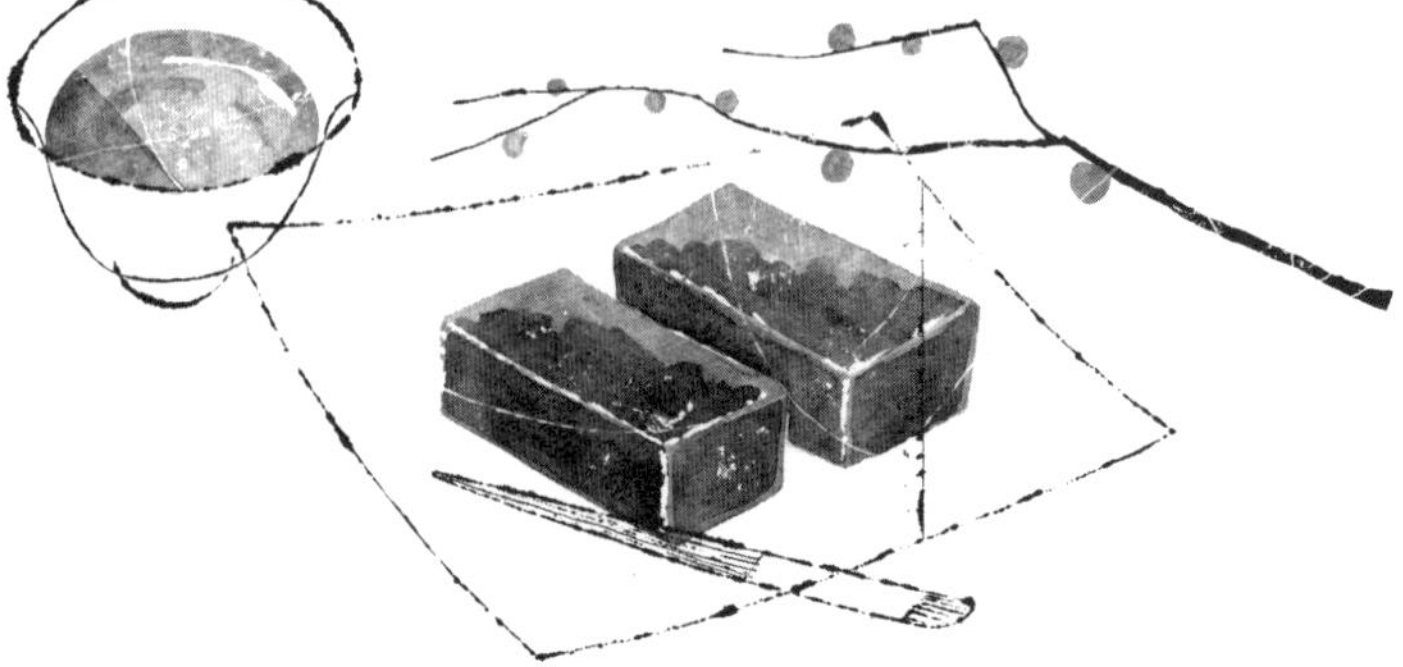

「当ててくれはりますか？」
——京都人の粋な〈おもたせ〉遊び

京都人には〈おもたせ〉を巡る、ちょっとした遊びがある。

招かれたほうが、〈おみや〉のお菓子にお題を設け、それが何であるかを〈おもたせ〉としていただくとき皆で当てるというゲームだ。

お菓子屋さんでオーダーメイド

客人はお菓子屋さんにたとえば「春霞」が菓銘となるようなお菓子を、とオーダー。するとお菓子屋さんは、趣向をこらし、そのイメージのお菓子をつくりあげてくれる。

京都のお菓子屋さんで求める〈おみや〉は本来このようなオーダーメイド。その日集まるメンバーが気に入りそうなものを考えて、オリジナルをつくってもらうのだ。

〈おもたせ〉までのはらはらどきどき

さて、人数分のそのお菓子を手にお宅を訪問し、主人に手渡すが、そんな仕掛けがあるのを知るのは自分だけ。今度は、「いったい〈おもたせ〉として出してくれるだろうか」ということが気になって落ち着かない。せっかくの企みも、お菓子屋さんの苦労も工夫も、〈おもたせ〉にならなければ水泡に帰す。

無事に主人が「おもたせやけど」と出してくれれば、そこで初めて「このお菓子のお題、何やと思う?　当ててみて」と切り出せる。

しゃあないけどきっと気に入ってくれはったんや

ただ、もし〈おもたせ〉にしてくれなかったとしても、主人の好みではなかった、ということと同義ではない。ことのほか気に入り、子どもにも食べさせたい、と〈おもたせ〉にしなかった、いうことも考えられるからだ。

次回はほどほどに気に入られるものを、という駆け引きも含めての京都人の〈おもたせ〉遊び。

応仁の乱

京都人を揶揄するとき、よく引き合いに出されるのが応仁の乱です。

〈この前の戦争〉というとき、たいていの日本人は第二次世界大戦のことを言うけれど、京都人は応仁の乱のことを言う。まことしやかにそう語られ、それを聞いた京都人は苦笑いしながらも、けっして否定はしません。あながちジョークではないからです。

第二次世界大戦のとき、京都は空襲から免れたとも、よく言われますが、京都にも空襲はありました。東山五条にほど近い馬町《うままち》などは大きな被害を被りましたし、他にも空襲を受けたところはあります。文化財の多い京都を避けて空襲が行われたというのは、正確ではありません。

ただ、京都の街が焼け野原と化した応仁の乱に比べれば、その被害は軽微だったというのも事実です。

京都人が〈この前の戦争〉といって、応仁の乱を指すのは、悔しさを込めての言葉なのだろうと思います。もしも応仁の乱なかりせば、という後悔です。

京都といえば雅な平安京をイメージしますが、今の京都の街なかには平安京の遺構はほとんど残っていません。かろうじて姿をとどめているのは「東寺」くらいでしょうか。

室町時代に発生し、十数年もの間続いた戦い、応仁の乱の主戦場は京都でした。日本じゅうを巻き込んだ戦いは、東軍と西軍に分かれ、それぞれが京都の街に陣地を築きます。

西軍の陣地だった場所は西陣と呼ばれ、その地名は今も残り、西陣織の語源ともなっています。

応仁の乱が起こる前から住んでいた職人たちは、戦の間、泉州の堺などに避難し、乱がおさまってから同じ場所に戻ってきて、再び織物産業を復興させるのです。いつの時代も職人さんというのは、実にたくましい存在です。

応仁の乱が焼きつくしたのは、もちろんのこと建物だけではありません。多くの人々も犠牲になりました。その戦の前哨戦ともいえる、畠《はたけ》山《やま》家の内紛合戦が行われたのが**「御《ご》霊《りょう》神《じん》社《じゃ》」**の境内というのも、不思議な因縁を感じさせま

す。

桓武天皇（在位七八一〜八〇六年）のころ、各地で疫病が流行しますが、これは御霊の祟りだとし、それらを慰霊するために創建されたのが「御霊神社」です。

崇道《すどう》天皇（七五〇？〜七八五年）をはじめとして、政争に巻き込まれて非業の死を遂げた人々の霊を祀り、〈八所御霊《はっしょごりょう》〉と定めて祭神とした神社ですから、その境内で戦をすれば、御霊が祟るのは当たり前です。

「御霊神社」の門前には「**水田玉雲堂**《みずたぎょくうんどう》」というお菓子屋さんがあり、名物の〈唐板《からいた》〉という煎餅は、応仁の乱以前からつくられていたといいます。

たかだか数十年の歴史しか持たない店まで、老舗と呼ぶのは困った傾向です。この店や蕎麦で有名な「**本家尾張屋**《ほんけおわりや》」のように、応仁の乱をくぐり抜けてきた店のことを、正真正銘の老舗と呼ぶのが、京都人の習わしです。

御霊神社《ごりょうじんじゃ》　地図 ❹

平安時代、天変地異や疫病は怨霊のたたりだと信じられていた。そこで厄除けの役割を果たしてきたのが、御霊会《ごりょうえ》発祥のこの神社。毎年5月18日の御霊祭では、鉾、神輿、御所車などが行列。通称、上御霊《かみごりょう》神社。

京都市上京区御霊前通烏丸東入　**電話** 075-441-2260　**参拝** 7:00～日没（参拝自由）
アクセス 地下鉄烏丸線「鞍馬口」徒歩3分、市バス「烏丸鞍馬口」徒歩3分

500年以上つづく店と味

水田玉雲堂《みずたぎょくうんどう》　地図 ❹

863年の御霊会で、清和天皇が始めて以来、疫病除けに供えられた〈唐板煎餅〉。応仁の乱で途絶えたが、1477年水田玉雲堂が復活させた。御所が移る前は、皇室も買い求めたという。商品は〈唐板煎餅〉のみで、毎日同じ味にするために微妙に製法を変える手づくり。機械化は不可能だそう。ついつい手が伸びる美味しさ。

京都市上京区上御霊前町394　**電話** 075-441-2605　**営業** 9:00～18:00　**定休** 日曜日・祝日
アクセス 地下鉄烏丸線「鞍馬口」徒歩3分

本家尾張屋《ほんけおわりや》　地図 ❻

応仁の乱の2年前の1465年、尾張国《おわりのくに》（愛知県西部）から移ってきたお菓子屋さんが始まり。江戸時代中期、禅寺発祥の蕎麦切りを「練る、伸ばす、切る」技術を持つお菓子屋さんが請け負うようになり、尾張屋は1700年ごろ蕎麦屋になった。今もお菓子と蕎麦の両方をつくる。本店は明治初めごろの風情ある木造建築。

本店：京都市中京区車屋町通二条下ル仁王門突抜町322
電話 075-231-3446　**営業** 9:00～19:00　蕎麦処 11:00～19:00（L.O.18:30）
無休（1月1日、2日のみ休み）　**アクセス** 地下鉄烏丸線・東西線「烏丸御池」徒歩2分

応仁の乱の刀傷がある通称「千本釈迦堂」

大報恩寺《だいほうおんじ》*　地図 ❷

創建は鎌倉時代の1227年。本堂は応仁の乱でも焼けることなく残り、洛中最古の建物で、国宝。柱には応仁の乱の戦いの刀傷が今も見られる。快慶《かいけい》などによる仏像や、大工の棟梁である夫をたすけた「おかめ」の伝説でも有名。

京都市上京区七本松通今出川上ル　**電話** 075-461-5973　**拝観** 9:00～17:00
拝観料 600円　**アクセス** 市バス「上七軒」徒歩3分、嵐電北野線「北野白梅町」徒歩13分

京のぶぶ漬け

〈京のぶぶ漬け〉。もはや伝説と化してしまった感があります。本当のところは、どうなのですか、とよく訊かれます。

伝説はこうです。

京都人の家を訪ねていて、ついつい長話になってしまいました。さて、そろそろ時分どきです。その家の主がこう言います。

「ぶぶ漬けでもどうどす？」

お昼どきになったので、お茶漬けでもお食べになりますか？　ふつうにはそう聞こえますよね。京都の家でお茶漬け、魅力的な話です。

しかし客側は、この言葉を真に受けてはいけない。これは、長居した客に辞去をうながす言葉なので、いくら待ってもお茶漬けなど出てきませんよ。という話です。

まことしやかにそう語られますが、本当にそんなことがあるのでしょうか。残念ながら、そんな話は聞いたことがありません。京都に生まれ育って六十三年になりますが、一度もそんな場面に出くわしたこともありませんし、誰かがそんな経験をした、という話すら聞いたことがありません。

よくよく考えれば当然ですよね。京都人どうしなら、昼どきに掛かりそうな時間に、よそさんの家を訪ねたりはしません。仮に訪ねたとしても、玄関先での短い立ち話ですませます。もしくはお昼ご飯の約束もできているはずです。

では旅人は、といえば、京都人の家を訪ねて上がりこむことなど滅多にないでしょう。つまりは、よくできた話、ということです。

では、もしもそういう場面になったとき、京都人はどうするでしょう。なかなか帰りそうにない客に、どう対処するか。

「えらいこっちゃ。頼まれごとしてたんを、うっかり忘れてたわ」

「そらあかんがな。ほな、うちもおいとましますし」

急に用事を思い出したようなフリをして、言われたほうも、それを方便だとわかったうえで応じます。こうして、人間関係を壊すことなく、問題は解決されます。

一事が万事、京都人はこんなふうな物言いをして、直截的な表現を避けます。遠回しに言ってみ

て、それでもうまく伝わらないときは、嘘も方便です。

僕は高校生のころ、バンドを組んで夜な夜なギターの練習をしていました。ある朝、お隣のご主人が僕の母にこう言ったそうです。

「息子はん、じょうずに楽器を弾かはるようになりましたな」

これをまともに褒め言葉だと受け取ってはいけないのです。毎晩うるさくて仕方がないけど我慢しているぞ。標準語で言えばそうなります。その日から、うちには夜間楽器演奏禁止令が敷かれました。

こういうやり取りを嫌味だととらえる方もおられるでしょう。けれどもこれは、長い間、狭い都にひしめき合うように暮らしてきた人々が、円滑に暮らしていけるように工夫してきた知恵なのです。

尖った言葉を丸く削って、相手を傷つけないようにし、ひいては自分も傷つかないよう。今の時代にこそ役立つ知恵だと思います。

ぶぶ漬けの美味しいお店

シンプルな献立に満ち足りる

丸太町《まるたまち》　十二段家《じゅうにだんや》* 　地図 ❻

元は甘味処だったのが、朝帰りの酔客にお茶漬けを出すようになったところ、評判になったという。創業は大正時代。
〈元祖お茶漬け〉というメニューのいちばんシンプルな〈すずしろ〉はだし巻き、赤だし、お漬物の盛り合わせとごはん。ジューシーなだし巻きは、注文を受けてから巻き始める。お漬物も、これだけで値打ちがある、と言われるほど。ご飯はおひつで出されるので、お茶漬けは2杯目に、ということもできる。これに季節の一品ものやお刺身を組み合わせたセットもある。
ほかにしゃぶしゃぶやステーキも。

京都市中京区丸太町通烏丸西入
電話 075-211-5884
営業 11:30 〜 14:30 ／ 17:00 〜 20:00 ※売切れ次第閉店
定休 水曜日
アクセス 地下鉄烏丸線「丸太町」徒歩1分

老舗漬物店のコース仕立て

近為《きんため》* 　地図 ❷

本来は明治12年（1879年）創業のお漬物屋さん。魚の粕漬けも手がけている。奥の座敷では、町家ならではの坪庭を眺めながら〈お茶漬け席〉を愉しむことができる。「このお漬物でお茶漬け食べたい」というお客さんの一言で始まったとか。コース仕立てになっており、合わせるお茶も煎茶、番茶と変わる。奈良漬けを巻いた〈手まり寿司〉はお漬物屋さんならではの一品。白味噌の京風雑煮などのあとにお漬物の盛り合わせが出て、最後のお茶漬けは玄米茶でいただく。

京都本店：京都市上京区千本通五辻牡丹鉾町576
電話 075-461-4072
営業 販売 9:30 〜 17:30
食事（お茶漬け席）11:00 〜 15:00
無休 ※お茶漬け席は12月1日〜新年1月6日の間は休み
アクセス 市バス「千本今出川」徒歩3分

いちはなだって

今では滅多に聞かなくなりましたが、子どものころは、あちこちで耳にした言葉です。

〈いちはなだって〉は、一端立って、です。最初に、とか、いち早く、真っ先に、という意味ですが、多くこの言葉は否定的な意味合いで使われてきました。

――なんでもかんでも、あの人は、〈いちはなだって〉やないと気がすまんみたいや。ホンマに軽いお人や――

という具合に、嘲笑するときに使います。

たとえば誰かの家に招かれたとします。出かけようとすると、こんな声を掛けられます。

――いちはなだって行ったらあかん。髪の毛一本遅れて行きや――

刻《こく》限《げん》どおりに行くと、まだ準備が整っていないかもしれず、先方に気を遣わせるから、というのがその理由でした。なるほど立場を置き換えてみればよくわかります。それにしても髪の毛一本。うまく言ったものですね。実に京都人らしい言い回しだと、今でも感心します。

先方への気遣いという意味に加えて、いち早く駆けつけるのははしたない、という意味合いもあります。新規オープンした料理屋にいち早く駆けつけて、残念な結果に終わったとします。

――〈いちはなだって〉行くしやがな。海のもんとも山のもんともわからへんのやさかい、人さんの噂をよう聞いてから行かな――

そのとおり。返す言葉もありません。この言葉が頭に染みついているせいか、新しく店ができたと聞いても、なかなか訪ねようとは思いません。でも今の時代、ためらっているのは、僕くらいのものでしょう。

〈いちはなだって〉が死語と化すのを待っていたかのように、新しい店ができると、先を争うようにして、グルメを自称する多くの方が開店して間もない店を訪れます。

とあるブロガーさんなどは、開店前から工事中の様子をレポートしています。いっぱしのメディア気取りなのでしょうね。もしくは店の広報を請け負っているのかもし

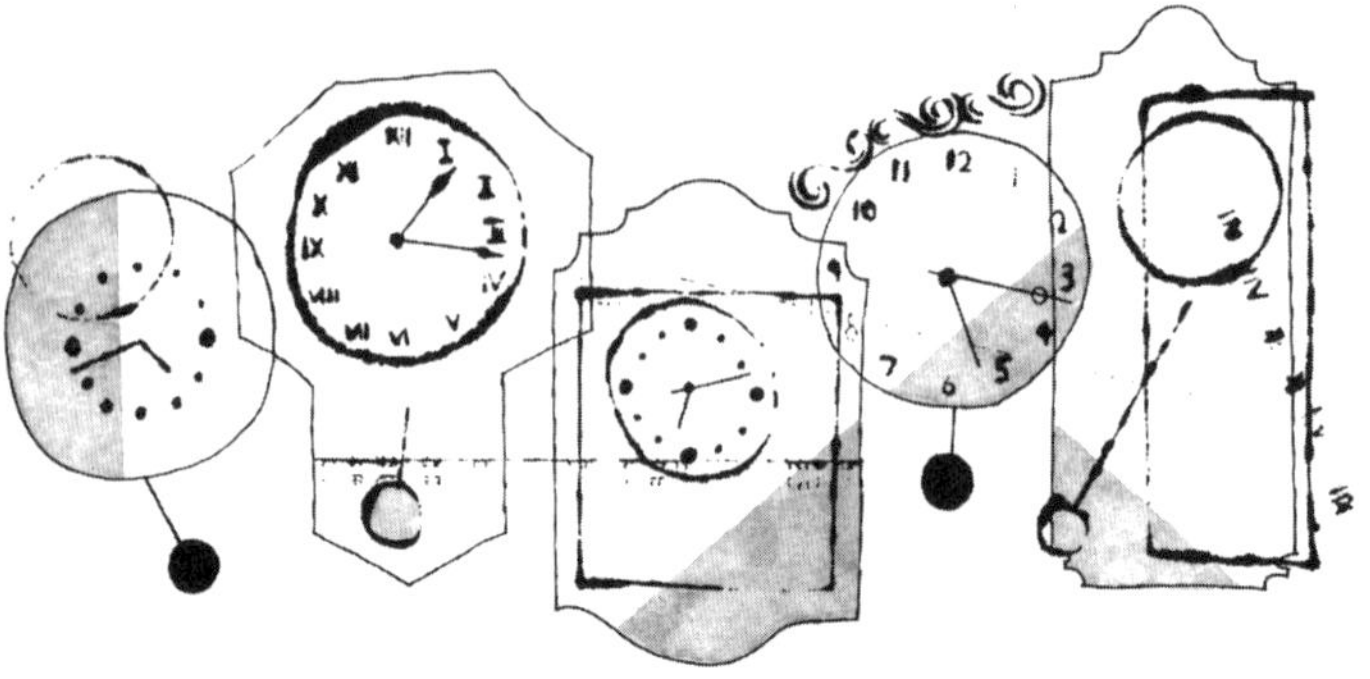

れません。

同じく死語になってしまいそうな言葉に〈石の上にも三年〉があります。お店を開いたとしても、少なくとも三年くらいは、閑古鳥が鳴いても辛抱強く仕事を続けなさい、という意を含んでいるのですが。

店の広報係をつとめてくれるありがたいブロガーさんの存在もあって、店を開いてひと月と経たないうちに、一躍人気店となり、予約の取れない店と化します。

長きにわたる修業期間を待ち切れず、〈いちはなだって〉店を開く若き料理人がいて、〈いちはなだって〉その店を訪れ、無条件に絶賛する客がいます。

かつて京都では、長い時間をかけて、客が店を育ててきたのですが、今の時代、そんな悠長なことは言っていられないのでしょうね。

熟成肉に喝采を贈ることはあっても、店を熟成させようとはしない。店も客も〈いちはなだって〉こそ、の時代なのですから。

京都でよく聞く京言葉

その柔らかい響きに思わず聞き惚れる京言葉。今もよく耳にする言葉をご紹介。

・敬語ではありますが……。

「〜はる」など独特の敬語表現がある。「お〜やす」と付けるのもそのひとつ。

「おいでやす」と「おこしやす」

どちらも「いらっしゃいませ」だが、より丁寧なのは「おこしやす」。予約して行ったお店などで迎え入れられる-ときなどに使われる。

「おきばりやす」

本来は、「がんばって」という励ましの言葉。ところが「そんなことしても無駄なのに」と揶揄しているときもある。去り際に一声こうかけることも。

・婉曲表現

本来の意味とはまったくちがうことも。

「考えときます」「主人にきいてみます」

なにかを勧められたとき、誘われたときなどの答えだが、はっきり断っているのと同じ。

「よろしおすなあ」

ただのあいづちだったり、乗り気でないなど否定的な意味が含まれることも。

「おおきに」

もちろん「ありがとう」だが、状況によってはお断りの意味が含まれる。

「おはようお帰り」

「いってらっしゃい」と同じ。送り出す相手を気遣う優しい言葉で、文字通り「早く帰ってくるように」という意味は持たない場合がほとんど。

おいどかまし

古くからの京都人は、お尻のことを〈おいど〉と言います。亡くなった僕の祖母もそうでした。これは御所に仕える女性たちが使った言葉、〈女房言葉〉のひとつ。雅やかな女性たちは何でも上品に言い換えるのです。〈御居処《おんいどころ》〉が語源だと言われています。漢字だと難しい言葉にみえますが、きつと座って〈居る処〉にお尻があるからなのでしょう。それが訛って〈おいど〉。言葉がうんと柔らかくなりますね。

一方で、〈かまし〉は町衆、つまり商売や手工業を営んでいた人たちの京言葉だと思われます。食らわす、とかだますという意味に使われる言葉で、今でも「一発かます」、「嘘かます」といったふうに使います。上品とはほど遠い言葉ですね。

いかにも京の都らしく、御所と町衆言葉が合わさった〈おいどかまし〉という言葉は、相手にお尻を向けることを表します。

たとえば旅館の一室で、カップルがくつろいでいるとしましょう。床の間の前に彼が座っています。庭を眺めようとして、彼女は彼にお尻をむけたままじっと立っている。そんなときに、古くからの京都人なら、きつとこう言います。

「おいどかまし、したらあきまへんがな」

あるいは、街角で誰かと待ち合わせをしているとき、あなたがずっとお店にお尻を向けて立っていると、同じように言われるはずです。

「お店においどかましたら、あきまへんえ」

長く都として栄え、多くの人々が暮らす京都の街には、相手を気遣う習わしがたくさんあって、その一例がこの〈おいどかまし〉を戒める言葉。

子どものころから、厳しく言われてきましたが、今の若い人は、こんな言葉の存在すらご存じないのでしょうね。

予約の取れないことで有名な、若手料理人が開いた割烹でのことです。

カウンターに腰かけて、料理を待っていると、その料理人さんはもちろん、居並ぶ若い

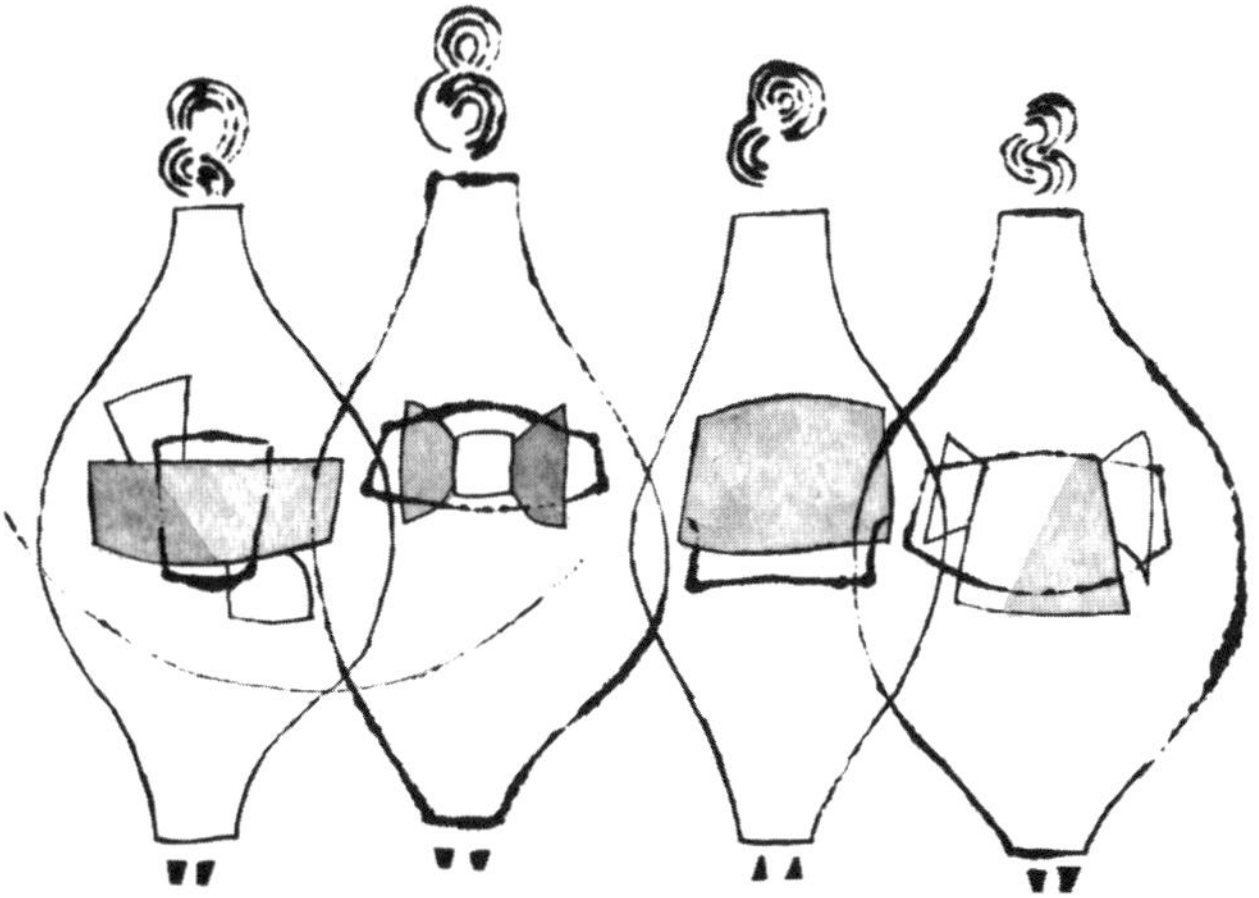

衆たちも、そろってお客さんにお尻を向けたまま、お皿に料理を盛り続けているのです。前かがみになりますから、四つのお尻が客に向きます。それも一瞬のことなら仕方ないと思えるのですが、一分ほどずっとその姿勢です。

驚いたことに、その状態で、常連らしきお客さんと、ジョークを交えて会話を交わすのです。

料理は教わっても、修業先では立ち居振る舞いまでは習わなかったのでしょう。

僕が日本一だと断じている、京都の老舗旅館では、仲居さんたちの誰ひとりとして、〈おいどかまし〉をしません。客室に案内するとき、食事の支度をするとき、常に客を向いています。その所作の美しいこと。失礼のない動きは、必ず美に通じるのです。

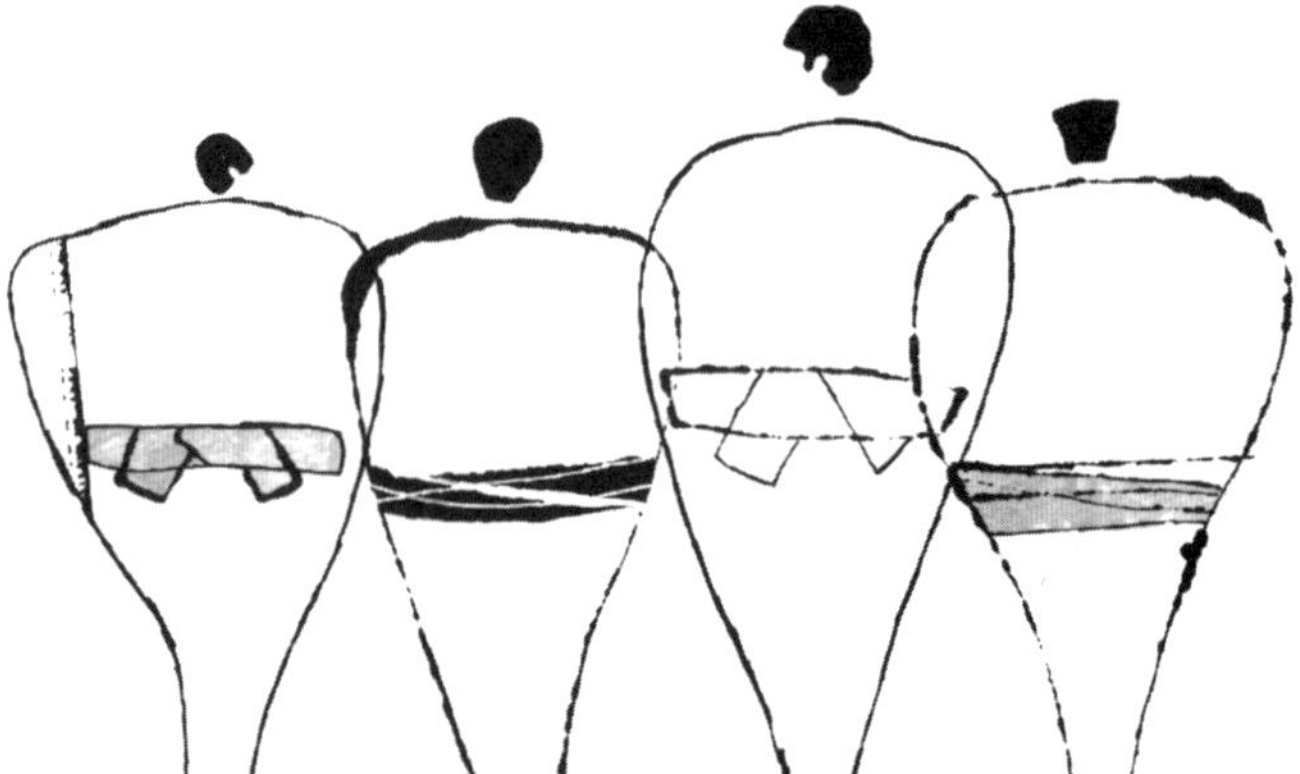

徹底した美意識と名職人たちがつくり上げた別世界

俵屋旅館《たわらやりょかん》*　　地図 ❺

300年あまりの歴史がある、まちがいなく日本一とされる名旅館。料理、接客、掃除、すべてがゆきとどいており、まさにプロの名職人の仕事。建物も庭も、置かれた調度品も「これしかない」と思わせられ、それぞれがさりげなく美しい。
魔法のように寝心地のいい寝具や20種類ほどの天然香料に200種あまりの香りをブレンドしたという石けんなど、館内にあるほとんどのものは、俵屋のオリジナルグッズ。旅館のすべてを采配している11代目の当主が作家や工房と綿密に打ち合わせをしてつくり上げたという。

京都市中京区麩屋町通姉小路上ル中白山町278
電話 075-211-5566
アクセス 地下鉄東西線「京都市役所前」徒歩3分

ギャラリー遊形《ゆうけい》*　　地図 ❺

俵屋旅館のグッズ類を販売するお店。

京都市中京区姉小路通麩屋町東入ル姉大東町551
電話 075-257-6880
営業 10:00 ～ 19:00　不定休
アクセス 地下鉄東西線「京都市役所前」徒歩5分

美山荘《みやまそう》*

洛中から車で1時間ほどの花脊の山里にある、静寂のなかで四季の移ろいを感じられる名旅館。元は「峰定寺《ぶじょうじ》」の宿坊で、明治のなかごろに創業した。3代目の先代主人が発案した〈摘草《つみくさ》料理〉で一躍有名旅館に。タラの芽や岩魚《いわな》など、山里の恵みを使った料理は洗練されていながら素朴さのある味わい。夏のわずかな期間だけではあるが、宿近くの山中で、その光で辺りが明るくなるほどの蛍の群舞を見ることができる。食事だけでも利用できる。

京都市左京区花脊原地町大悲山375
電話 075-746-0231 ※食事も完全予約制
営業 （食事の場合）12:00 ～ 19:00（L.O.）
アクセス 京都バス「大悲山口」徒歩25分 ※送迎あり

一尺

尺貫法なんて半世紀以上も前に廃止されているのですが、今でも京都では尺で長さ、貫で重さを言い表す人がいます。とりわけ尺は何かにつけ、よく耳にします。

多くの京都人が最初に尺を実感するのは、近隣との付き合い方だろうと思いますが、僕もそうでした。

京都の街には〈門《かど》掃《は》き〉という習慣があります。家の前を庭ぼうきで掃くことをいうのですが、春休みや夏休みなどの休みになると、これは子どもの仕事になります。多くは幼稚園の年長さんになったころが〈門掃き〉デビューです。

自分の背丈ほどもあるほうきを持って、家の前のごみを掃くのですから、小さな子どもにとっては、なかなかの重労働です。

そんなに大きな家でなくても、家の前というのは案外広いものです。どうにかこうにか掃き終えて、ほうきを戻そうとすると、祖母

がチェックして言います。

「お隣さんとこも掃かんとあかん」

不服そうな顔をすると、祖母はこう付け加えました。

「ただし一尺だけでええ。それ以上掃いたらイヤミになる。けど自分の家の前だけきっちり掃いたら、水臭い人やと思われる。〈門掃き〉だけと違うえ。お人さんとの付き合いはみなそうや。ちょびっとだけ入る。それが、あんじょう付き合うコツや」

一尺は、ざっと三十センチ。測らずとも子どもはこれを、肌で覚えるのです。

そして隣人だけでなく、友だちとの付き合いでも一尺という距離を常に頭に置くことになります。

よく、京都人は冷たいと言われます

が、きっとこの一尺があるからなのでしょうね。深く入りすぎない、という教えが子どものころから染み付いているのです。

たとえば、おすそわけのときにも、この一尺という間隔、いや感覚が生かされます。

青森からとびきり美味しいりんごが一箱届いたとしましょう。早速両隣のおうちにおすそわ分けします。

「到来もので失礼ですが」という枕詞を必ず添えて、和紙で包んで持参するのですが、考えるべきはその数です。お隣が四人家族だったとすれば、五個にします。プラス一個が一尺に相当するのです。四個だと水臭いし、十個も持って行くと食べ切れない量であったり、何か意図があるのかと思われて、いささか失礼になります。

今の時代、京都でも一尺を意識している人は少ないかもしれませんが、互いに心地よい距離感として、この一尺は大いに役立つものだと思います。かつて小学校で使った竹のモノサシがこの長さでしたね。この歩合、割合を覚えておき、人と人の付き合いに役立てるのが京都人です。

使い込むほどに美しくなる道具

門掃きをするほうき、おばんざいをつくるのに使う鍋や包丁、舞妓さんが手にするお箸。名職人の手によってつくられた品々は機能的で美しく、使い込むほどに味わいを増す。そんな日用の道具を扱う歴史あるお店でお土産を探すのも、京都旅の醍醐味。

内藤商店《ないとうしょうてん》* 地図 ❺

創業1818年の棕櫚《しゅろ》製品のお店。庭ぼうき、化粧用のブラシから、たわしのストラップまで、さまざまな用途の品々が揃う。質のいいほうきは使うほどに性能が増し、環境にもやさしい。代々通っているお客さんもいるという。

京都市中央区三条大橋西詰
電話 075-221-3018　**営業** 9:30 ～ 19:30　無休（正月3が日のみ休み）
アクセス 京阪本線「三条」すぐ

有次《ありつぐ》* 地図 ❺

刀鍛冶「藤原有次」として1560年に創業。その伝統の技で手づくりされる庖丁をはじめ、鍋やおろし金、かわいらしい抜き型などは、どれも一生ものと呼ぶにふさわしく、国内外の一流の料理人たちから篤い信頼を得ている。可能な商品には名入れをしてもらえる。

京都市中央区錦小路通御幸町西入ル鍛冶屋町219
電話 075-221-1091
営業 9:00 ～ 17:30　無休
アクセス 阪急京都線「河原町」から徒歩8分

市原平兵衛商店《いちはらへいべいしょうてん》* 地図 ❻

1764年創業の箸専門店。店内には約400種の箸が並ぶ。素材から厳選し、工夫を凝らしてつくられた箸は扱う所作まで美しく見えると評判。丈夫で機能的にも優れている。〝手に取って、それぞれに合うお箸を〟と細やかなアドバイスも受けられる。

京都市下京区堺町通四条下ル
電話 075-341-3831
営業 10:00 ～ 18:30（日曜・祝日11:00 ～ 18:00）　不定休
アクセス 地下鉄烏丸線「四条」、阪急京都線「烏丸」徒歩5分

さくらともみじ

言うまでもなく、京都の街が一番混みあうのは春と秋です。春はさくら。秋はもみじ。京都にはとてもよく似合います。それらをひと目観たいと思うのは日本人だけではありません。近ごろでは外国人観光客も、花見や紅葉狩りに京都を訪れることが増えてきました。

そうなると当然ですが名所はとても混みあいます。名所だけでなく、そこへとたどる道筋も大渋滞ということも少なくありません。風情を愉しむどころか、疲れ果ててしまいます。

とはいえ、やはり京都のさくらやもみじは観たい。悩ましいところですね。では京都人はどのようにして、春のさくらや秋のもみじを愉しんでいるのでしょう。

そのキーワードは〈ずらす〉です。時期や場所を少しずらすことで、毎年変わらず、美しいさくらやもみじを満喫しているのです。

たとえばさくら。花の命は短いですから、時期をずらすのは難しいですね。なので場所をずらすのです。

京都の名所中の名所、「清水寺」の舞台を囲むさくらは有名ですね。春の京都を特集するテレビ番組では、必ずといっていいほど、冒頭のシーンはこの「清水寺」のさくらです。多くの人々がこれを目指し、競いあうように清水坂を上っていきます。

その坂道に建つ小さなお寺、「安祥院《あんしょういん》」には誰も見向きもしませんが、境内いっぱいに枝を広げるさくらは、それはそれは見事なものです。大混雑する名所から少し〈ずらす〉だけで、ゆったりと花見ができます。

秋のもみじもしかりです。

京都の紅葉の名所といって真っ先にその名があがる嵐山《あらしやま》嵯峨野。春のさくらもそうですが、道が狭いところにたくさんの人が押し寄せますので、ピーク時には身動きできないほどになります。

そんな混雑の中心地である、嵐電《らんでん》の嵐山駅から数百メートル東。わずか十分ほど歩いたところに「鹿王院《ろくおういん》」というお寺があります。

「金閣寺」と同じく足利義満が建立した寺を始まりとしたところですが、ここの紅葉は実に見事です。長い参道には赤いもみじのトンネルができます。意外なほどに広い寺ですから、多少の参拝客が居ても、ゆっくりともみじ狩りができます。あちこちで推奨してきたので年々増えてきましたが、それでも「天龍寺《てんりゅうじ》」などに比べると、はるかに人は少ないです。

ここも名所から少し〈ずらす〉だけでもみじを愉しめるのです。

もみじはしかし、場所だけでなく時期をずらすとさらに深く愉しめます。

師走に入ると、さすがに観光客は減りますが、もみじはこれからが本番です。第一週がピークでしょうか。第二週に入ってもまだまだ綺麗です。

京都の紅葉の最後を飾るのはたいてい「下《しも》鴨《がも》神《じん》社《じゃ》」です。師走の半ば。糺《ただす》の森を歩くと、散りもみじが見事な錦《きん》繍《しゅう》のじゅうたんを見せてくれます。上も下も真紅のもみじ葉です。

何ごとにも名残をたいせつにする都人が、こよなく愛するのは冬もみじなのです。

樹齢100年を超える八重の山桜

安祥院《あんしょういん》　地図 5

境内にある、一定の日数を決めて願いごとをすればかなえてもらえるという「日限地蔵《ひぎりじぞう》尊《そん》」が有名で「日限《ひぎり》さん」という通称で親しまれている。

京都市東山区五条通東大路東入遊行前町560　**電話** 075-561-0655
拝観 8:00～17:00(拝観終了:夏17:00、冬16:00)　**拝観料** 無料
無休　※但し、本堂内は、そのときの都合で拝観できないことが多い
アクセス 市バス「五条坂」徒歩5分

遅咲きで背が低く間近で見られる桜

仁和寺《にんなじ》　地図 3

仁和寺の御室桜《おむろざくら》は遅咲きで有名で、4月中旬ごろがピーク。また2メートルくらいの高さなので、目線の高さで観賞できる(→116ページ)。
世界遺産の仁和寺は888年に宇多《うだ》天皇が創設。出家して〈御室〉と呼ばれる居室をもったことに由来し、付近一帯も御室という地名になった。

京都市右京区御室大内33　**電話** 075-461-1155
拝観 9:00～17:00(12月～2月～16:30)※最終受付各30分前　**拝観料** 500円
アクセス 嵐電北野線「御室仁和寺」徒歩2分、市バス「御室仁和寺」すぐ

絵はがきのような紅葉と苔

鹿王院《ろくおういん》　地図 3

紅葉の色づきは遅めで、例年の見頃は11月下旬から12月上旬。枯山水の庭の美しさには定評があり、重要文化財も多く所蔵している。
女性限定の宿坊もあり、精進料理や庭園に感動の声が寄せられている。

京都市右京区嵯峨北堀町24
電話 075-861-1645
拝観 9:00～17:00　**拝観料** 400円
無休
アクセス JR嵯峨野線「嵯峨嵐山」徒歩5分
嵐電嵐山本線「鹿王院」徒歩3分
市バス・京都バス「下嵯峨」徒歩3分

原生林の紅葉

下鴨神社《しもがもじんじゃ》　地図 4

創建は紀元前とも言われており、京都最古の神社のひとつ。世界遺産。
参道沿いに広がる糺《ただす》の森は東京ドーム3個ぶんの広さがある原生林。樹齢200年～600年の木々が約600本ある。紅葉は11月下旬～12月上旬がピーク。クリスマスごろまで美しい。
京都市左京区下鴨泉川町59
電話 075-781-0010
参拝 境内自由／楼門内 6:30～17:00
※時間は季節により変動／無料
アクセス 市バス「下鴨神社前」「糺ノ森前」
徒歩5分
京阪本線「出町柳」徒歩12分

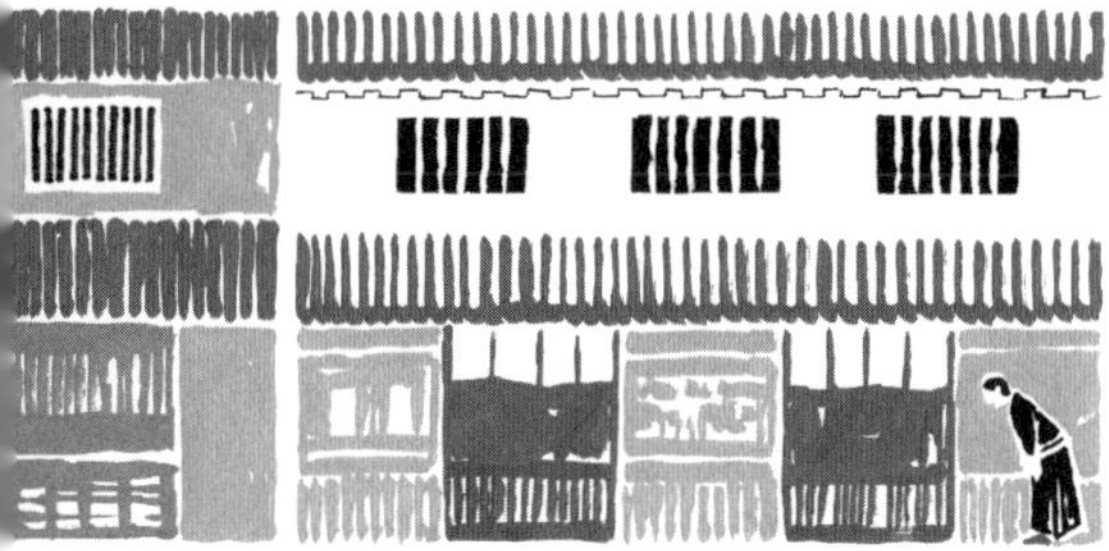

曲がり角

〈おもてなし〉という言葉が日本中にあふれています。きっかけは、そう、あのときですね。お・も・て・な・し。東京にオリンピックを誘致するための決め手となった言葉。

流行《はや》り言葉というものは困ったもので、言葉だけがひとり歩きを始めてしまい、真意から相当はずれたものでも〈おもてなし〉という言葉にくくられてしまいます。

その例をもっともよく見かけるのは旅館のパンフレットでしょうか。〈おもてなしの心でお迎えします〉。どの旅館も、似たようなキャッチコピーを掲げています。

僕はとても意地悪なので、そのうちの一軒に電話をして訊いてみました。

「おもてなしの心って、どういうことですか。宿に行くとわかりますか」

電話に出たスタッフはしばらく絶句してから、こう言いました。

「少々お待ちください。女将に訊いてまいります」

五分ほども待たされたでしょうか。いきなりプチッと電話を切られてしまいました。嫌がらせだと思われたのかもしれませんね。

旅館や飲食業をはじめとするサービス業で、流行語のようになっている〈おもてなし〉。具体的にどういうことを指すのか。即答するのは難しいようです。

京都ではしかし、これを目の当たりにすることができます。

星が付いているかどうか、は関係ありません。できれば古くからある、由緒正しい割烹を訪ねましょう。満ち足りて箸を置き、お勘定をすませて店の外に出ます。するとお勝手から先に表に出ていたご主人が見送ってくれます。互いに礼を述べて店を後にする。ここまではよくあることです。これすらできない店は論外です。大切なのはここからです。

京都の多くの名店は細道の奥に潜んでいますが、そ

の道を去ってゆく客をご主人がずっと見送っているのです。そしてそれは、角を曲がり、客の姿が見えなくなるまで必ず続きます。

「お越しいただいてありがとうございました」

言葉でなく、姿でそう言っているのです。一期一会の名残を惜しんでいるのです。これが〈おもてなし〉だと僕は思います。

客もそれにこたえなければいけません。角を曲がるとき、必ず振り向いて礼を返しましょう。

「美味しい料理と時間をありがとうございました」

そんな気持ちを込めます。

余韻を残し、再び会うことを互いに願い合うのです。

京都の細道、路地には数限りない曲がり角がります。そこではこうした、名残を惜しむ〈おもてなし〉が繰り返されています。

言葉ではなく、身をもって〈おもてなし〉を体現し続けているのです。

ゆきとどいたおもてなしをさりげなく

祇園丸山《ぎおんまるやま》*　　地図 ❺

端正な数寄屋造りの店で、正統でありながら、創意工夫に満ちた先進的な手法も取り入れた日本料理を堪能できる。床の間の設えなどで季節の趣向を満喫できる個室と、料理人の仕事が見られるカウンター席がある。目の前で鮎などを焼くような演出もあり、その過程も含め愉しい時間となる、料亭と割烹両方のいいところが味わえるお店。

京都市東山区祇園町南側570-171
電話 075-525-0009
営業 11:00 ～ 13:30（L.O.）、17:00 ～ 19:30（L.O.）
定休 水曜
アクセス 京阪本線「祇園四条」徒歩5分、阪急京都線「河原町」徒歩8分

建仁寺《けんにんじ》 祇園丸山《ぎおんまるやま》*　　地図 ❺

八坂通りにある、数寄屋づくりのお店。こちらでも〈五感で〉味わい、愉しむことができる京懐石や京料理が供される。祇園丸山と同様、芸妓さんや舞妓さんを呼んでもらうこともできる。

京都市東山区大和大路四条下ル4丁目小松町566-15
電話 075-561-9990
営業 11:00 ～ 13:30（L.O.）、17:00 ～ 19:30（L.O.）
不定休
アクセス 市バス「清水道」徒歩5分、京阪本線「祇園四条」徒歩10分

宗《そう》（SOU）*　　地図 ❻

旬の食材を使い、出汁を活かした正統な和食に〈真空調理〉など新しい技術を取り入れている。餡かけ料理や季節の釜飯、仕込みに3日かかるという〈蟹と蟹味噌のクリームコロッケ〉などが人気。料理長やスタッフの気配りもゆきとどいている居心地のいい店内には、ジャズが流れている。それらが居酒屋なみの価格で愉しめるのがまた嬉しい。

京都市中京区西洞院通錦蟷螂山町460
電話 075-256-0701
営業 17:30 ～ 23:30 L.O.　※金曜、土曜のみ17:30 ～ 25:00（24:00 L.O.）
不定休
アクセス 地下鉄烏丸線「四条」、阪急京都線「烏丸」徒歩5分

モデルコースと地図

身体のツボは押してこそ効きます。
京都のツボは歩いてこそ効きます。

どこを、どう歩けば効くか。
いくつかのモデルコースを作ってみました。
半日、あるいは一日、
この流れに沿って歩いてみてください。

思わぬところに、違ったツボがあるのを
見つけることができるはずです。
まずは歩くこと。それが京都のツボです。

モデルコース作成:柏井 壽　地図制作:タナカデザイン

移動に要する時間はあくまで目安です。バス、電車は本数が少ない場合もありますので、事前にお調べください。
お寺、神社、お店などの情報を掲載しているページ数も記していますが、
データは変わることがありますので、最新の情報をご確認ください。
地図上のページ数はデータが載っているページのものです。地図の縮尺はそれぞれ違うので、ご注意を。

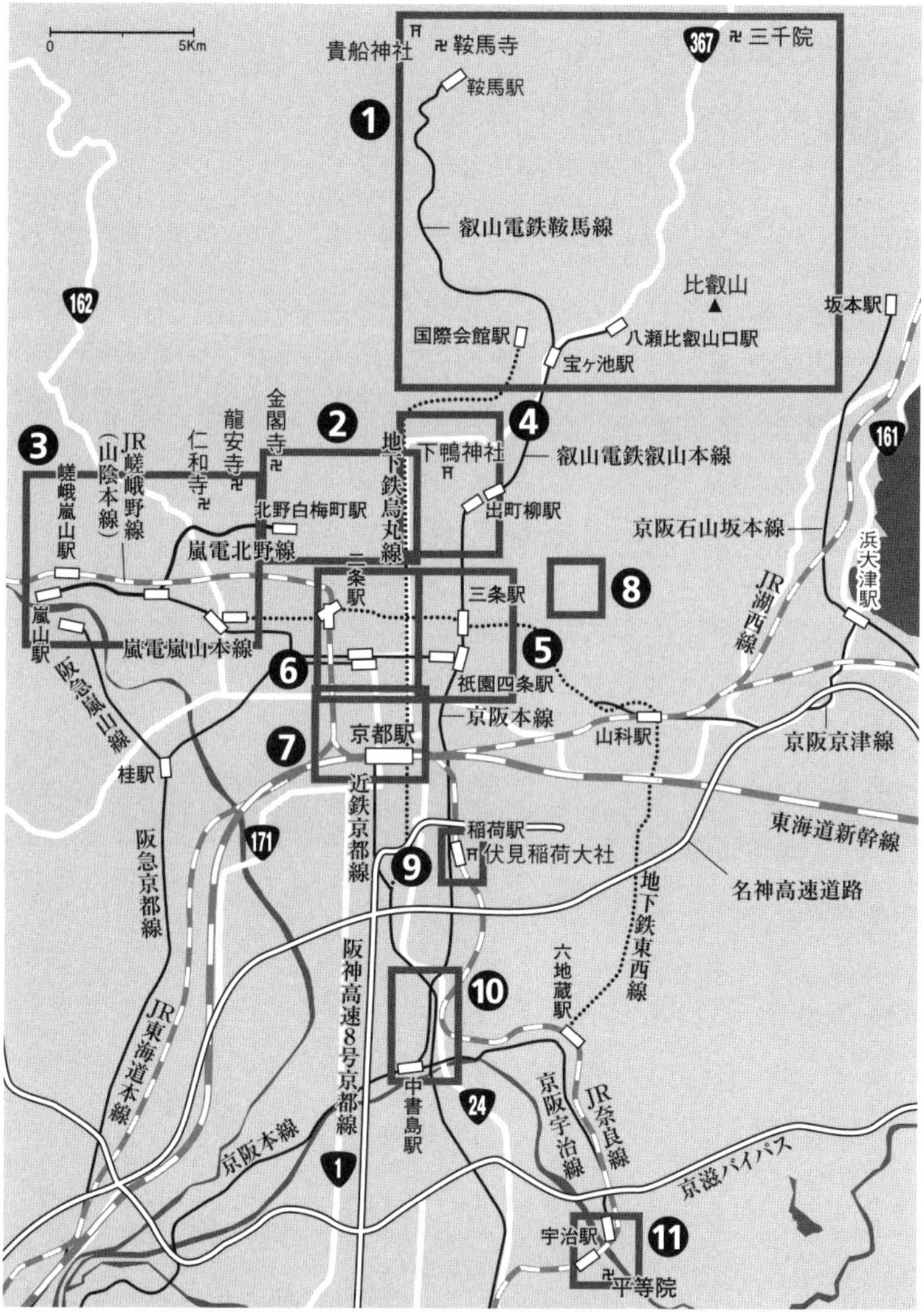
0
5Km
貴船神社
鞍馬寺
三千院
367
鞍馬駅
1
叡山電鉄鞍馬線
比叡山
162
坂本駅
国際会館駅
八瀬比叡山口駅
宝ヶ池駅
2
4
161
3
金閣寺
龍安寺
仁和寺
JR嵯峨野線（山陰本線）
嵯峨嵐山駅
地下鉄烏丸線
下鴨神社
叡山電鉄叡山本線
出町柳駅
北野白梅町駅
嵐電北野線
京阪石山坂本線
浜大津駅
二条駅
三条駅
8
JR湖西線
嵐山駅
嵐電嵐山本線
5
6
祇園四条駅
阪急嵐山線
京阪本線
7
京都駅
山科駅
京阪京津線
桂駅
近鉄京都線
東海道新幹線
171
稲荷駅
伏見稲荷大社
9
名神高速道路
阪急京都線
地下鉄東西線
阪神高速8号京都線
10
六地蔵駅
JR東海道本線
中書島駅
24
京阪宇治線
JR奈良線
京阪本線
1
京滋バイパス
宇治駅
11
平等院

Aコース 洛北大原

平家の悲哀をたどり、声明を識る半日コース

京都バス「京都駅前」～「大原」（所要約1時間）京都バス「四条河原町」～「大原」（所要約50分）

バス停「大原」

↓ 徒歩15分

寂光院 建礼門院徳子の墓所 ▶P.56、57

↓ 徒歩20分

里の駅 大原 しば漬け、地場産京野菜購入。ランチも可 ▶P.57

↓ 徒歩22分
※または徒歩5分で京都バス「野村別れ」～「大原」（所要約3分）から徒歩12分

三千院 阿弥陀三尊坐像、庭園 ▶P.119、121

↓ 徒歩10分

来迎院 声明の寺 ▶P.121

↓ 徒歩15分（山道あり）

音無の滝 良忍の声明修行 ▶P.120、121

↓ 徒歩25分（山道あり）

宝泉院 額縁庭園を眺めながらお茶の時間 ▶P.121

↓ 徒歩15分

バス停「大原」

※AコースとBコースで1日コースに。
※バスの本数は多くないので、あらかじめ時刻表を調べておいたほうが無難。

Bコース 鞍馬・貴船

牛若丸伝説の木の根道をたどる

京都バス「大原」〜「宝ヶ池」（所要約20分） 叡山電鉄鞍馬線「宝ヶ池」〜「鞍馬」（所要約21分）

叡山電鉄鞍馬線「鞍馬」駅

↓ 徒歩5分

鞍馬寺 山門
京都の鬼門を護る寺 ▶P.18、19、21、129

↓ 鞍馬山（牛若丸修行の山・天狗伝説）
徒歩1時間（山道、木の根道） ▶P.21

奥の院 魔王殿
護法魔王尊が降臨 ▶P.19、P.21

↓ 徒歩30分

貴船神社
水の神さま・縁結びの神さま ▶P.129

↓ 徒歩30分
※または徒歩5分で京都バス
「貴船」〜「貴船口駅前」

叡山電鉄鞍馬線「貴船口」

❶

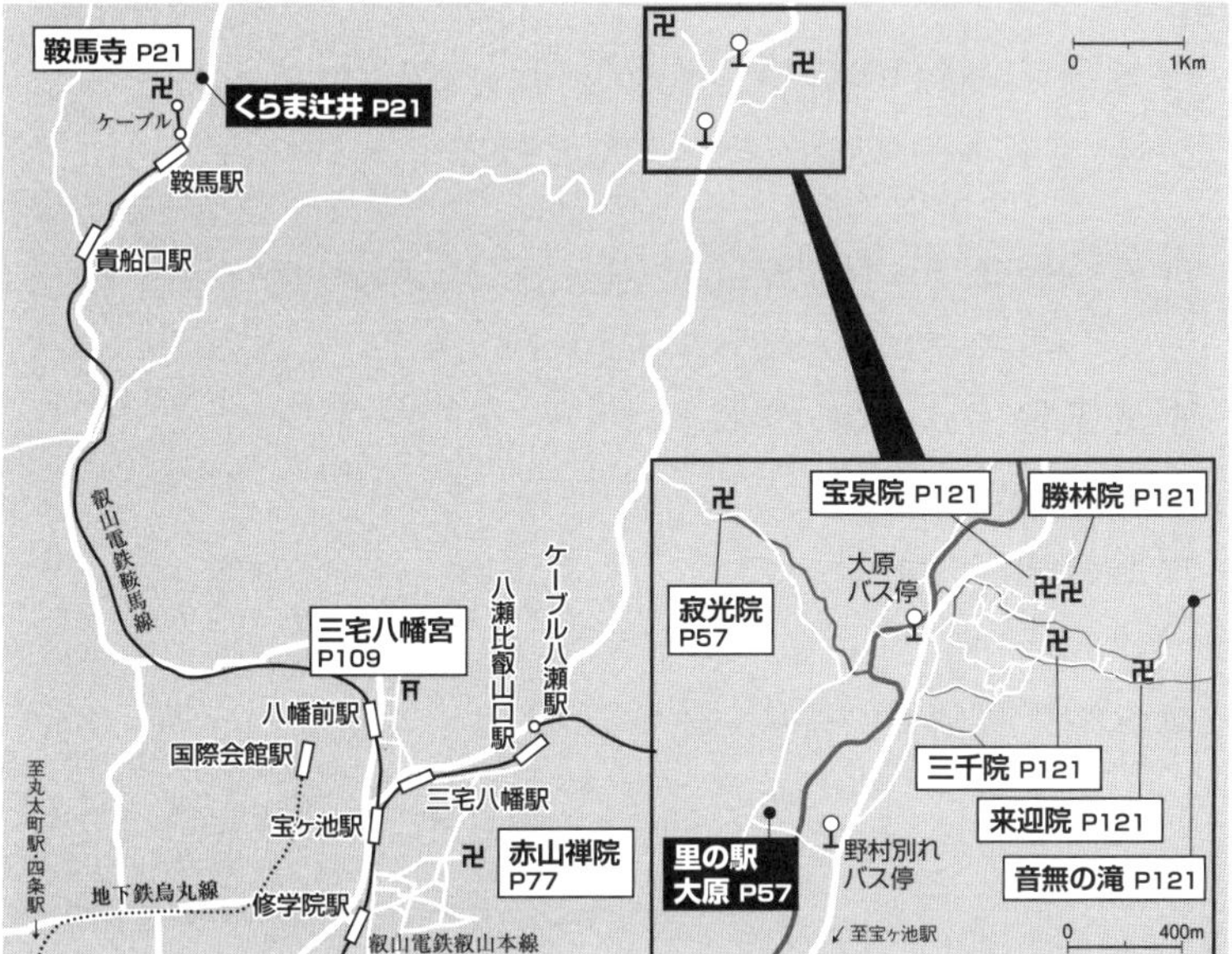

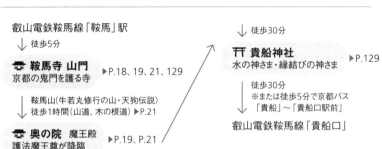

西陣から嵐山まで
伝説めぐりの1日コース

三上家路地など西陣歩き 本物の町家を見る ▶P.91 ～ 93

↓ 徒歩10分

釘抜地蔵 釘抜と八寸釘の絵馬 ▶P.104、105

↓ 徒歩8分

大報恩寺 応仁の乱の足跡 ▶P.153

↓ 徒歩13分

ビフテキ スケロク ビフテキセットなどのランチ ▶P.31、33

↓ 徒歩15分

北野天満宮 京都三珍鳥居のひとつがある ▶P.80、81、129

↓ 徒歩5分で嵐電北野線「北野白梅町」（「帷子ノ辻」で乗り換え）～嵐電嵐山本線「蚕ノ社」（所要約17分）下車徒歩3分

木嶋神社 三足鳥居。通称「蚕の杜」 ▶P.80、81 ※ここから地図3に

↓ 嵐電嵐山本線「蚕ノ社」～「鹿王院」（所要約8分）

鹿王院 もみじの穴場、新緑も ▶P.171、173

↓ 徒歩17分

野宮神社 黒木鳥居 ▶P.80、81

↓ 徒歩10分

嵯峨豆腐 森嘉 京豆腐のおみやげ ▶P.17

※地図2と3は縮尺が違いますので、ご注意ください。

❷

0　400m
金閣寺
千本通
鞍馬口通
紫明通
鞍馬口駅
木辻通
西大路通
ビフテキ スケロク P33
釘抜地蔵 P105
近為 P157
ドラート P93
地下鉄烏丸線
平野神社
上立売通
本隆寺
同志社大学
五辻通
浄福寺通
大宮通
今出川駅
北野天満宮 P81
今出川通
北野白梅町駅
大報恩寺 P153
今出川通
晴明神社
嵐電北野線
大将軍八神社
一条通
京都御所
一条通
とようけ屋山本 P17
烏丸通
西大路通
大将軍商店街 P97
中立売通
京都御苑
堀川通
千本通
至丸太町駅・四条駅↓

❸

0　400m
龍安寺
嵯峨豆腐 森嘉 P17
仁和寺 P173
大覚寺
広沢池
至北野白梅町駅→
御室仁和寺駅
嵐電北野線
木嶋神社 P81
嵯峨嵐山駅
JR嵯峨野線(山陰本線)
花園駅
太秦駅
トロッコ嵯峨駅
鹿王院駅
SIZUYA
志津屋
P45
太秦天神川駅
嵐山駅
帷子ノ辻駅
嵐電嵐山本線
鹿王院 P173
地下鉄東西線
蚕ノ社駅
嵐山駅
嵐電天神川駅
野宮神社 P81
阪急嵐山線
至四条大宮駅→

平安京の中心地
京都御苑の内外を歩く半日コース

御霊神社　御霊信仰　▶P.128、129、151～153

↓　徒歩1分

水田玉雲堂　唐板煎餅のおみやげ　▶P.152、153

↓　徒歩7分

相国寺　京都五山の総本山、宗旦稲荷　▶P.10、13

↓　徒歩15分

幸神社　平安京鬼門守護　▶P.76、77

↓　徒歩2分

出町桝形商店街　いろいろそろうおみやげ　▶P.98、101

↓　商店街内

満寿形屋　鯖寿司ランチ　▶P.100、101

↓　徒歩1分

出町ふたば　素朴なお饅じゅうのおみやげ　▶P.143、145

↓　徒歩15分

京都御所　猿が辻。京都御苑内　▶P.75～77

↓　徒歩6分

護王神社　狛イノシシ、平安京の功労者和気清麻呂　▶P.102、103、105、108、129

↓　徒歩8分

厳島神社　唐破風石鳥居。京都御苑内　▶P.80、81　※地図6

❹

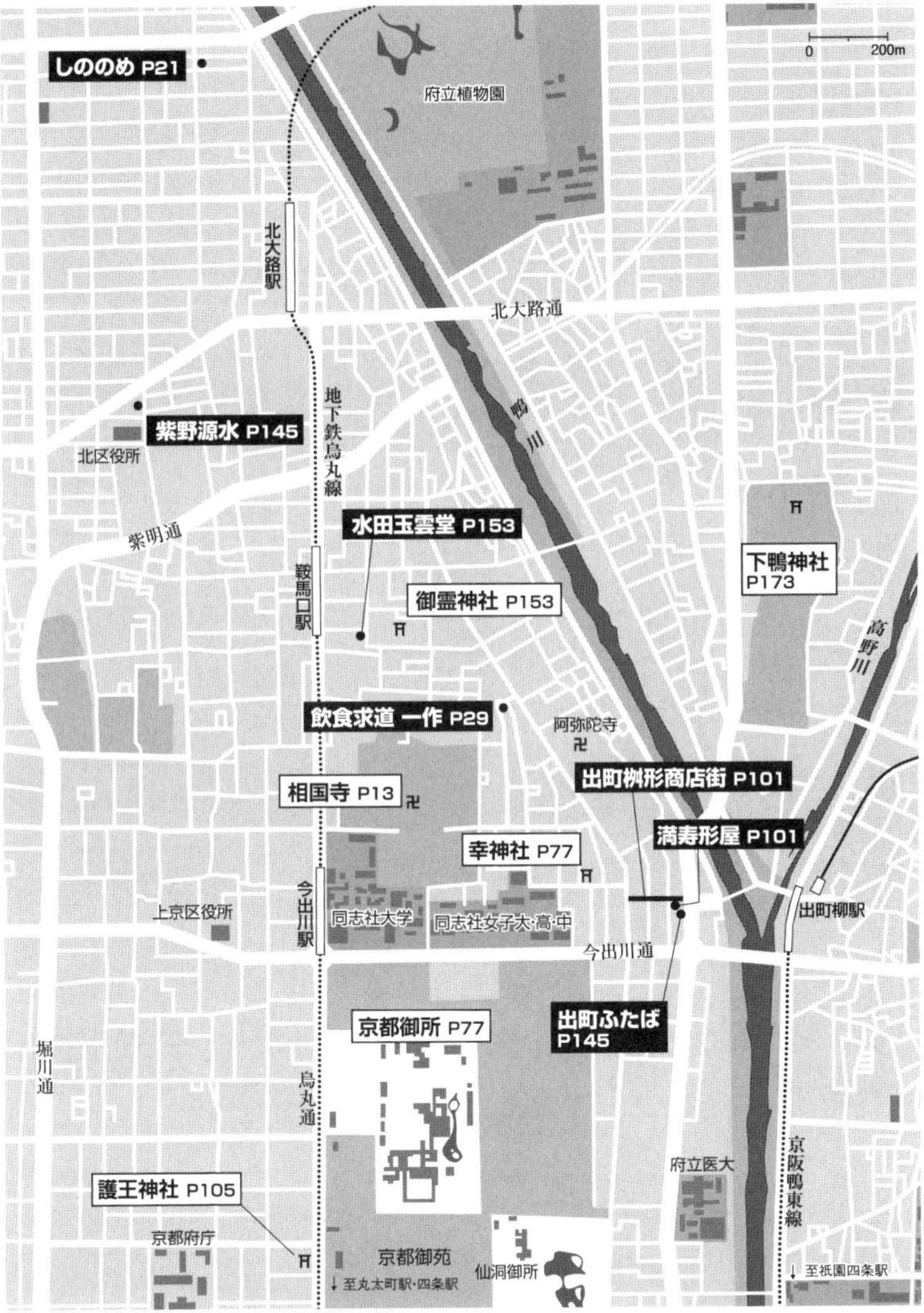

0 200m
しののめ P21
府立植物園
北大路駅
北大路通
地下鉄烏丸線
鴨川
紫野源水 P145
北区役所
紫明通
水田玉雲堂 P153
鞍馬口駅
御霊神社 P153
下鴨神社 P173
高野川
飲食求道 一作 P29
阿弥陀寺
相国寺 P13
出町桝形商店街 P101
満寿形屋 P101
幸神社 P77
今出川駅
上京区役所
同志社大学
同志社女子大·高·中
出町柳駅
今出川通
出町ふたば P145
京都御所 P77
堀川通
烏丸通
府立医大
京阪鴨東線
護王神社 P105
京都府庁
京都御苑
仙洞御所
↓ 至丸太町駅·四条駅
↓ 至祇園四条駅

❺

0 200m
鴨川
神宮丸太町駅
丸太町通
肉専科 はふう P33
御幸町通
河原町通
竹屋町通
丸太町通
平安神宮
川端通
夷川通
一保堂茶舗 P29
京都会館
岡崎公園
二条通
二条通
京都市美術館
柳馬場通
富小路通
麩屋町通
御幸町通
末廣 P65
京都市役所
国立近代美術館
俵屋旅館 P165
ギャラリー遊形 P165
京都市役所前駅
神宮道
御池通
六曜社 P49
内藤商店 P169
辻留 P137
小丸屋住井 P133
姉小路通
スマート珈琲店 P49
河原町通
三条通
三条京阪駅
三条通
東山駅
木屋町通
三条駅
東大路通
三嶋亭 P33
菱岩 P137
花見小路通
六角通
寺町通
錦天満宮 P81
大黒屋 P13
やまもと喫茶 P45
新京極通
先斗町通
有次 P169
先斗町 ますだ P41
とり新 P45
ぎをん権兵衛 P13
知恩院
錦小路通
知恩院通
錦市場
麩屋町通
御幸町通
開陽亭 P61
いづ重 P101
河原町駅
四条通
阪急京都線
祇園四条駅
仲源寺 P105
八坂神社 P109
円山公園
綾小路通
京極スタンド P53
京都髙島屋 P141
幾岡屋 P133
京ぎをん 浜作 P25
京阪本線
建仁寺
祇園丸山 P177
高台寺
木屋町通
恵美須神社 P81
Maison de Kuuu P93
大和大路通
建仁寺祇園丸山 P177
洋食の店みしな P61
はれま P21
法観寺 P85
清水五条駅
グリル富久屋 P61
東山区役所
五条通
あじき路地 P93
清水寺 P109
織家まりきこ P93
五条坂
安祥院 P173
河原町通
川端通
問屋町通
きとら P93

← 地図❻へ

清水寺から宮川町、祇園、三条

花街の賑わいをたどる半日コース

清水寺 阿阿の狛犬。さくら、もみじの名所 ▶P.107、109、170

↓ 徒歩10分

法観寺 八坂の塔 ▶P.82、85

↓ 徒歩6分

安祥院 桜の穴場 ▶P.171、173

↓ 徒歩12分

八坂神社 京都の象徴、祇園さん。狛犬の宝庫 ▶P.107、109、129、131

↓ 徒歩3分

いづ重 いなり寿司などのおみやげ。ランチも可 ▶P.100、101

↓ 徒歩4分

幾岡屋 舞妓さん関連グッズのおみやげ ▶P.133

↓ 徒歩1分

仲源寺 雨やみ地蔵から目疾み地蔵へ ▶P.102、105

↓ 徒歩3分

とり新 親子丼ランチ ▶P.45

↓ 徒歩7分

内藤商店 美しい棕櫚製品のおみやげ ▶P.169

↓ 徒歩3分

六曜社 レトロ気分のコーヒータイム ▶P.48、49

↓ 徒歩5分

ギャラリー遊形 俵屋旅館オリジナルグッズのおみやげ ▶P.165

❻

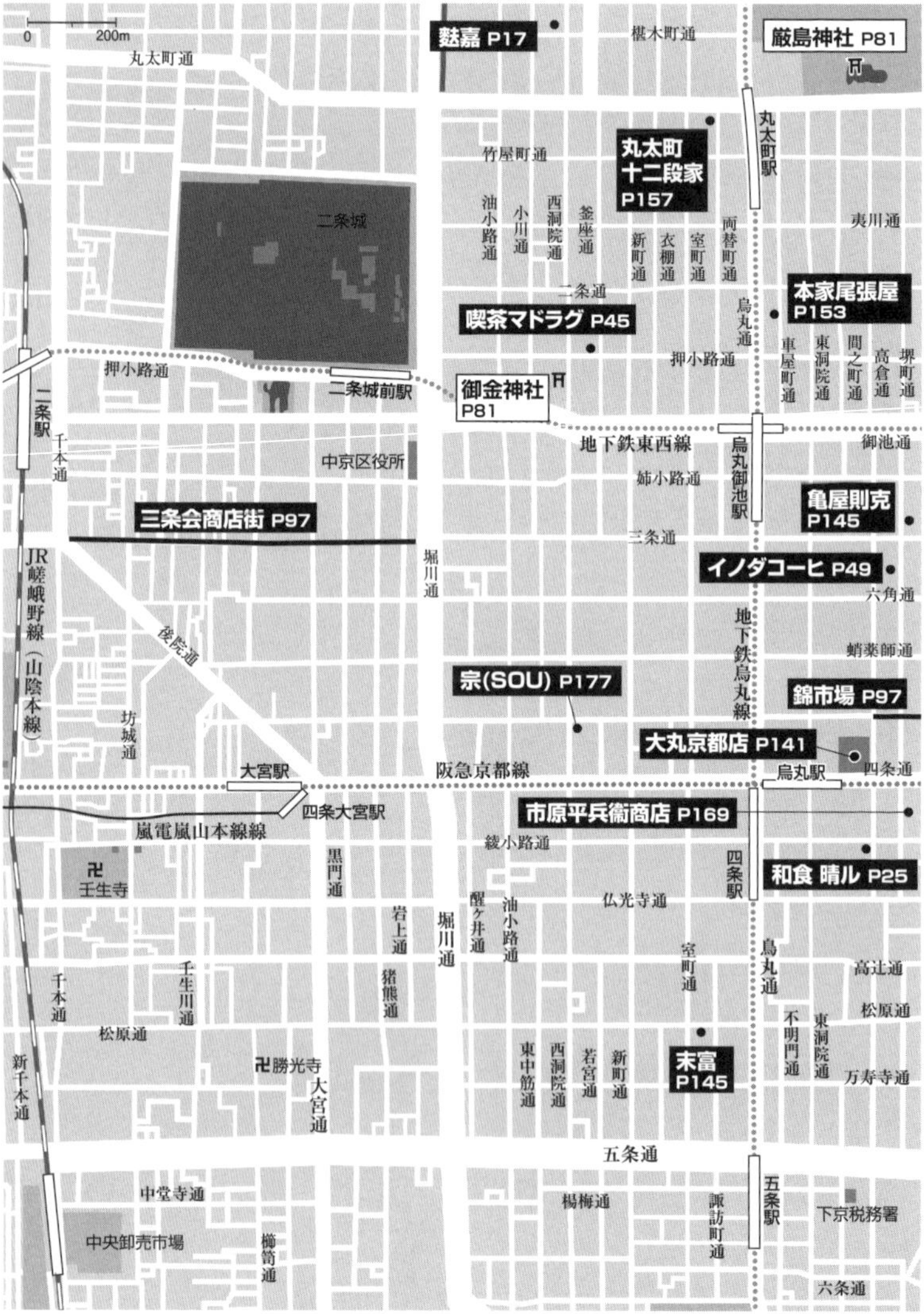
0 200m
麩嘉 P17
丸太町通
椹木町通
厳島神社 P81
丸太町 十二段家 P157
丸太町駅
竹屋町通
二条城
油小路通
小川通
西洞院通
釜座通
新町通
衣棚通
室町通
両替町通
夷川通
本家尾張屋 P153
二条通
喫茶マドラグ P45
烏丸通
車屋町通
東洞院通
間之町通
高倉通
堺町通
押小路通
二条城前駅
御金神社 P81
二条駅
千本通
地下鉄東西線
烏丸御池駅
御池通
中京区役所
姉小路通
亀屋則克 P145
三条会商店街 P97
三条通
JR嵯峨野線（山陰本線）
堀川通
イノダコーヒ P49
六角通
後院通
地下鉄烏丸線
蛸薬師通
宗(SOU) P177
錦市場 P97
坊城通
大丸京都店 P141
大宮駅
阪急京都線
烏丸駅
四条通
四条大宮駅
市原平兵衛商店 P169
嵐電嵐山本線線
綾小路通
壬生寺
黒門通
四条駅
和食 晴ル P25
仏光寺通
岩上通
堀川通
醒ケ井通
油小路通
室町通
烏丸通
高辻通
千本通
壬生川通
猪熊通
不明門通
東洞院通
松原通
松原通
勝光寺
東中筋通
西洞院通
若宮通
新町通
末富 P145
万寿寺通
新千本通
大宮通
五条通
中堂寺通
楊梅通
諏訪町通
五条駅
下京税務署
中央卸売市場
櫛笥通
六条通

地図❺へ →

❼

至嵯峨嵐山駅
至四条・烏丸三池駅
丹波口駅
JR嵯峨野線（山陰本線）
五条通
堀川通
五条駅
東本願寺 P73
西本願寺 P73
烏丸通
渉成園
七条通
新福菜館本店 P53
七条通
京都タワー
京都駅
ジェイアール京都伊勢丹 地下2階 老舗・名店弁当 P137
梅小路公園
JR東海道本線
東海道新幹線
京都駅
西大路駅
本家第一旭 たかばし本店 P53
東寺 P85
東寺通
燕en P25
唐橋西寺公園
壬生通
大宮通
東寺駅
西大路通
唐橋小学校
九条通
九条駅
河原町通
西寺跡 P85
近鉄京都線
地下鉄烏丸線
0
400m

⑩

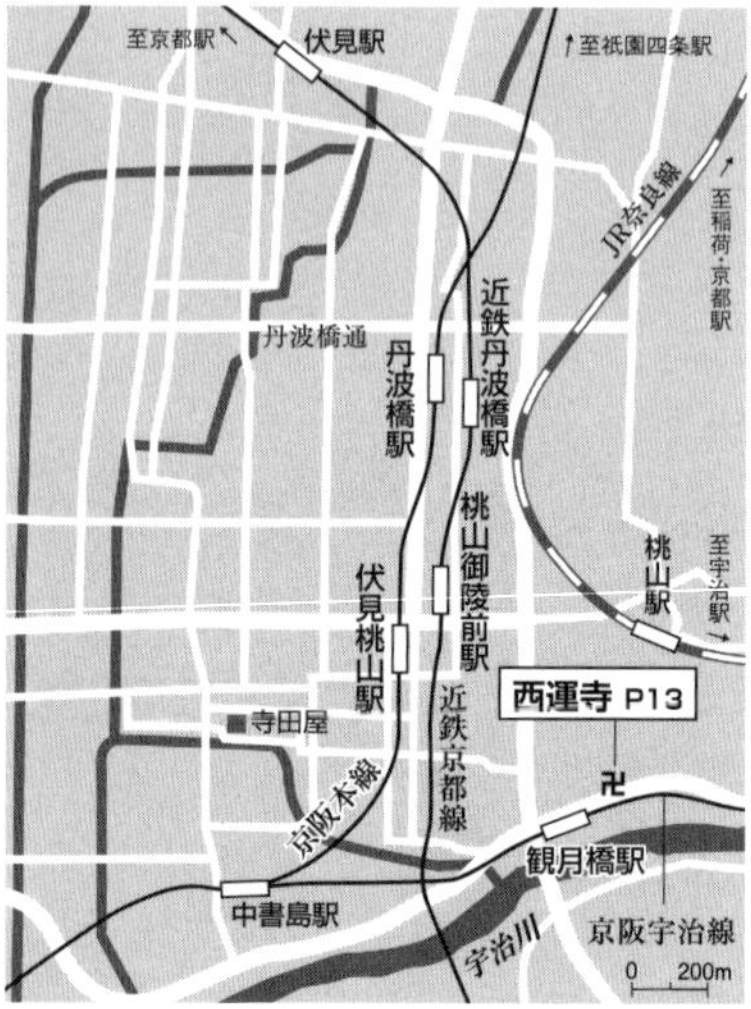
至京都駅
伏見駅
至祇園四条駅
JR奈良線
至稲荷・京都駅
近鉄丹波橋駅
丹波橋通
丹波橋駅
桃山御陵前駅
伏見桃山駅
桃山駅
至宇治駅
西運寺 P13
寺田屋
近鉄京都線
京阪本線
観月橋駅
中書島駅
宇治川
京阪宇治線
0 200m

⑪

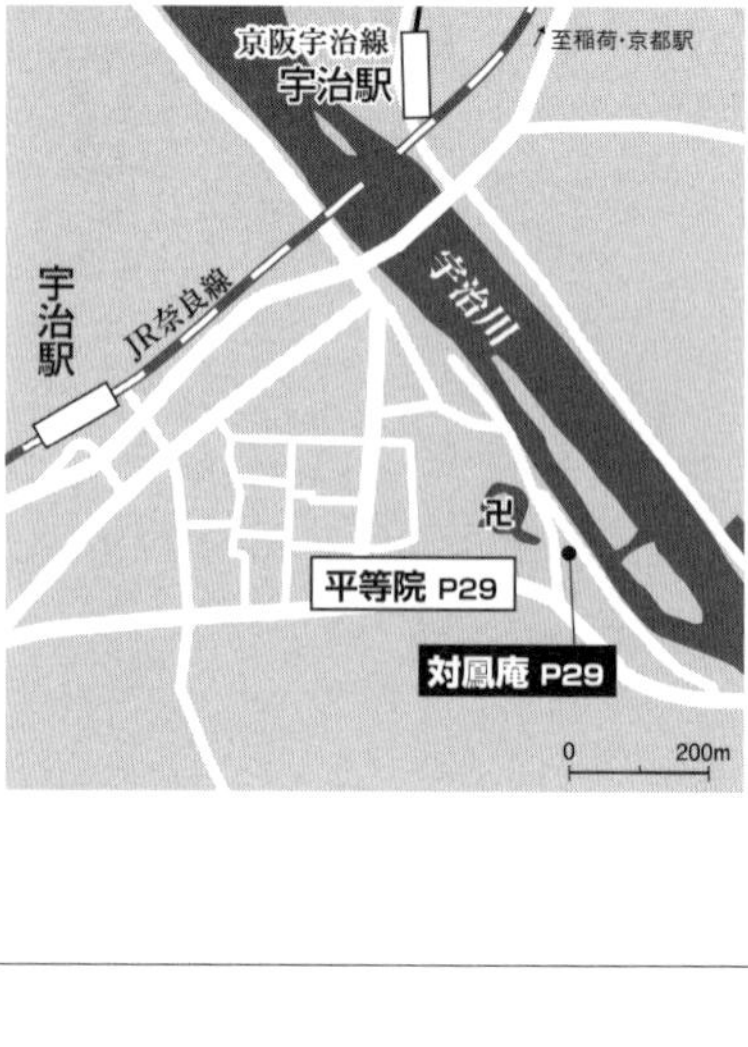
京阪宇治線
宇治駅
至稲荷・京都駅
宇治駅
JR奈良線
宇治川
平等院 P29
対鳳庵 P29
0 200m

⑧

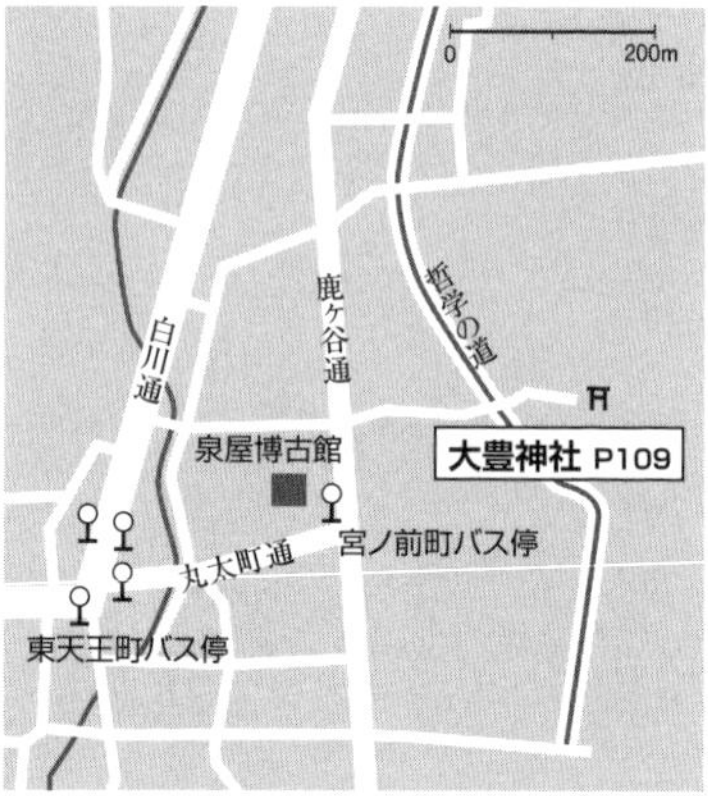
0 200m
哲学の道
鹿ケ谷通
白川通
大豊神社 P109
泉屋博古館
宮ノ前町バス停
丸太町通
東天王町バス停

⑨

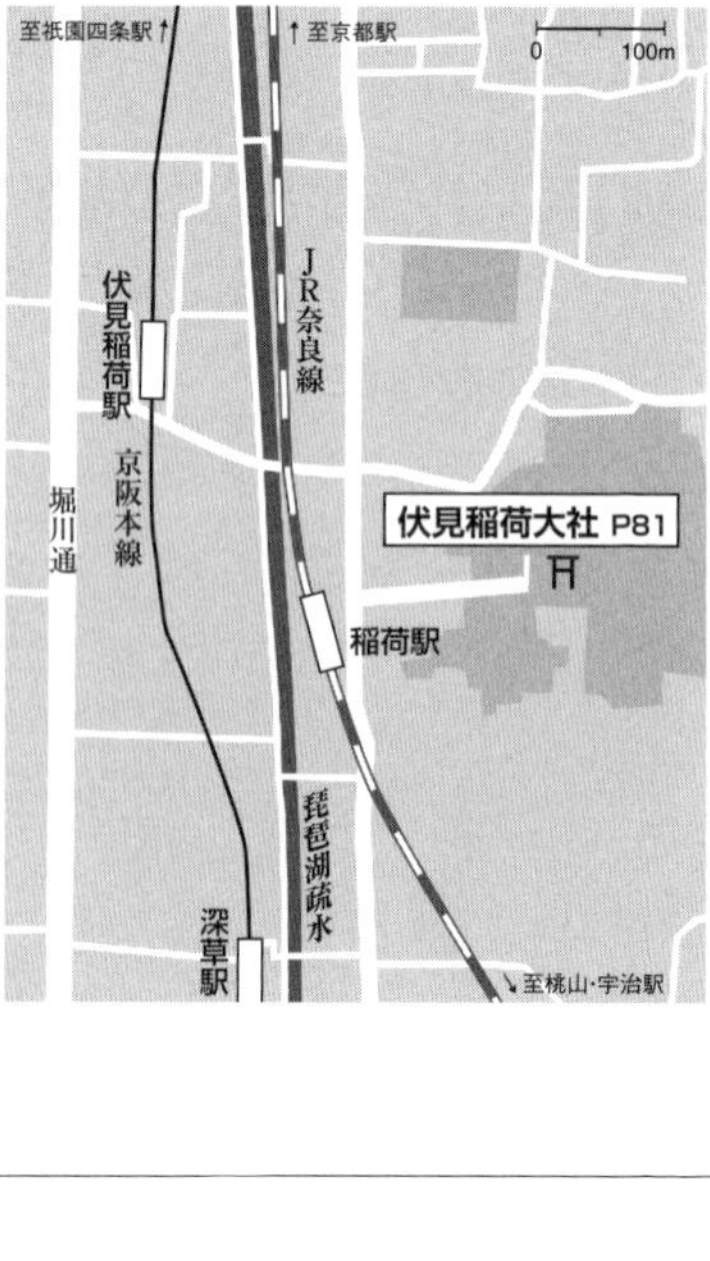
至祇園四条駅
至京都駅
0 100m
伏見稲荷駅
JR奈良線
京阪本線
堀川通
伏見稲荷大社 P81
稲荷駅
琵琶湖疏水
深草駅
至桃山・宇治駅

柏井 壽

Kashiwai
Hisashi

作家・歯科医。1952年、京都府生まれ、京都府育ち。大阪歯科医大卒業。京都市内で歯科医院を営む。また旅や食にまつわる本を執筆。なかでも京都に関する著書は数多く、歴史や伝説、また京都人しか知り得ない京都人の綾なども交え、縦横無尽に京都の魅力を描く。しっかりとした取材、公平な視点、確かな味覚には定評があり、カリスマ案内人として雑誌やテレビ番組の京都特集でも監修を務める。著書に『ゆるり京都おひとり歩き』（光文社新書）、『京都の定番』（幻冬舎新書）、『今様 京都の値段』（京都しあわせ倶楽部）など多数。小説家としても活躍し、『鴨川食堂』（小学館）は萩原健一、忽那汐里主演でドラマ化（ＮＨＫ ＢＳ）されている。また柏木圭一郎名義で京都を舞台にしたミステリーも多数執筆、好評を博している。

本書は書き下ろしです。

京都《きょうと》のツボ
識《し》れば愉《たの》しい都《みやこ》の素顔《すがお》

2016年2月29日　第1刷発行

著　者　柏井《かしわい》 壽《ひさし》
発行者　館 孝太郎
発行所　株式会社集英社インターナショナル
〒101-0064 東京都千代田区猿楽町1-5-18
電話 03-5211-2632

発売所　株式会社集英社
〒101-8050 東京都千代田区一ツ橋2-5-10
電話 読者係 03-3230-6080
販売部 03-3230-6393（書店専用）

印刷所　図書印刷株式会社
製本所　ナショナル製本協同組合

ISBN978-4-7976-7315-9 C0095